U0720377

政治学人访谈录

赵吉　张兰 ▶ 主编

政当其时

中　国　政　治　学　的　理　论　视　野

张
兰

欧阳星

陈若凡
　编

江苏人民出版社

图书在版编目（CIP）数据

政当其时：中国政治学的理论视野 / 赵吉，张兰主编；张兰，欧阳星，陈若凡编. — 南京：江苏人民出版社，2025. 1. — （政治学人访谈录）. — ISBN 978 - 7 - 214 - 29213 - 1

Ⅰ. D6

中国国家版本馆 CIP 数据核字第 20244DK313 号

书　　　名	政当其时——中国政治学的理论视野
编　　　者	张　兰　欧阳星　陈若凡
责 任 编 辑	陈　颖
特 约 编 辑	王暮涵
责 任 监 制	王　娟
装 帧 设 计	赵春明
出 版 发 行	江苏人民出版社
地　　　址	南京市湖南路 1 号 A 楼，邮编：210009
照　　　排	江苏凤凰制版有限公司
印　　　刷	南京爱德印刷有限公司
开　　　本	652 毫米×960 毫米　1/16
印　　　张	15　插页1
字　　　数	207 千字
版　　　次	2025 年 1 月第 1 版
印　　　次	2025 年 1 月第 1 次印刷
标 准 书 号	ISBN 978 - 7 - 214 - 29213 - 1
定　　　价	68.00 元

（江苏人民出版社图书凡印装错误可向承印厂调换）

序　言

杨光斌

影响较大的"政治学人"平台的张兰博士来函，邀请我就他们选编的《政当其时：中国政治学的理论视野》写几句话，我欣然答应。看到一帮热衷于推动政治学发展的年轻学子的满腔热血，不仅感动，还看到了中国政治学的未来和希望。

《政当其时》是访谈录，访谈对象都是活跃在中国政治学一线的学者。他们基于自己研学经历而发表的洞见，不仅有治学心得，也体现了中国政治学在不同方面的研究特长，自然值得重视。

中国的不少产业经历了从跟跑、追赶到领跑的几个阶段，中国政治学虽然还没有像新能源汽车那样领跑于世界，但已经到了建构自主性知识体系的阶段。自诞生起，一百二十多年来，作为学科的中国政治学在方法论谱系上，先后研习欧陆的旧制度主义政治学、苏联的阶级分析政治学和美国的理性选择主义政治学；在世界观上，这些方法论的背后分别是自由主义政治学和马克思主义政治学。问题来了，构建这些世界观和方法论的主体分别来自欧洲、苏联和美国，作为主体的中国到哪里去了？难道"中国"就应该缺位吗？或者说中国人只能永远做"学生"吗？中国政治学的现状显然与中国的全球地位严重不匹配，其发展水平严重滞后于中国的实业界。为此，笔者作为中国政治学界的一员，不能不感到汗颜。

中外政治思想的起点其实都是一样的，轴心文明时期的古希腊和先秦的先贤们都致力于"共同体的善"或"天下大同"。但是，历史属性的差异性让共同的起点开始分叉，最终南辕北辙。社会史的"多统"政治，演绎的是竞争性、对抗性乃至作为政治形式的战争等制度变迁方式，共同体形态经历了古希腊城邦国家、地方自治的罗马帝国、看上去"大一统"但实则充满血腥对立的神权政体，以及中世纪后期的封建制政体和民族国家，千年的历史巨变又孕育出对抗性的代议制。在多变的欧洲，旨在追求"共同体的善"的政治学不得不演变为制度变迁学说，"求变"是其一以贯之的特征。代议制是其政治制度和政治理论的支点，也是其终点即"历史终结论"——全世界都要过上美国人的政治生活，但不容许赶上美国人的经济生活水平。

有意思的是，美国因为中国人想过上好日子就翻脸了。其实，中国人之所以能过上好日子，是因为秉承了两千多年的政治史（国家史）传统——作为中国政治制度和政治理论支点的大一统。为了这个大一统，历代政治不得不追求"致治"以达"民心"。因此，不同于"求变"的西方政治学，中国政治学应该是"求治"的。然而，在相当长的一个时期，中国政治学跟跑的是"求变"的政治学。

幸运的是，中华文明基因共同体的遗产让中国人保有超常的政治自主性和政治定力，一直奔走在"求治"的路上，"求治"的巨大效能使得世界秩序变革并政治重组。对此，中国政治学不能无动于衷，中国政治学必须"再出发"。华东师范大学王向民教授说"出发的起点"是"中国政治学的内在转向"，也就是我说的"以中国为方法的政治学"，这并不是相互排斥的。"第二个结合"在政治学领域的反映，即马克思主义政治学与中国优秀传统政治文明的结合，是建设以中国为主体的政治学知识体系的重要路径。从文明史的角度看，以政治文明为核心的中华文明历来都是开放的，从东汉末年开始的儒释道合流再到清晚期的洋务运动、民国时期的"留学生政府"以及中华人民共和国成立以来先后学习的苏联模式和西方技术-管理经验，都说明中华文明的开放性、包容性乃至普遍性。因此，那种认为建构自主知识体系就是另搞一套、"脱钩"的看法，完全是杞人忧天。

"再出发"的中国政治学首先必须有自己的方法论。政治学是关于世界观或历史观的学问，诸如前述的自由主义民主政治学、马克思主义政治学，但世界观的落地需要相应的研究方法，每个流派的学说都有自己的方法论。历史政治学无疑是建构自主性政治学知识体系的重要方法，其追问的是重大现实-理论问题的历史渊源与时间性因果机制，其关键性分析概念是历史本体论、历史连续性和时间空间化。历史政治学是一套生产知识的原理，认为不同属性的历史演绎出不同的制度变迁方式，不同的制度变迁方式产生了不同性质的政治制度和政治理论。

在历史政治学方法论那里，一系列基础性的元概念都通过重述以达成新的理解。比如，什么是"政治"，中外政治学教科书上流行的就是权威性资源分配，这其实是行为主义政治学如哈罗德·拉斯维尔的政治学——谁得到、如何得到、何时得到的更拗口的表述，而拉斯维尔不过是在重复马克斯·韦伯的政治就是权力分配的定义。韦伯其实对欧洲一千年来竞争性、对抗性政治甚至把战争视为政治生活一部分的历史进行了学理化总结。基于欧洲社会史的政治概念显然不能被当作"普世价值"而加以接受。

以"政治"的概念为例，国家、政府、政党、官僚制等一系列基础概念都需要重述，从而建构"新政治学原理"。古今中外的政治或政权都需要合法性论述，这恰恰是政治学原理的基本功能。由此我认为，越是基础研究，越是有大用。比如国家理论中的国家主权概念，传统上认为有驻军和外交权的对内最高、对外独立就是主权，这个国家主权理论影响了世界几百年。但是，历史经验表明，一个共同体如果仅有驻军和外交权而没有治权，诸如对教育、文化、司法、国家安全等领域的管理权，就会直接威胁到国家主权。主权因治权得到保障，这是基于历史教训发展而来的国家理论。关于国家理论的研究水平会直接影响到公共政策乃至制度建制，可见国家理论之大用。

国家理论的基石性概念很多，其中关于权力认同和服从的合法性概念是基础中的基础。仅就西方政治学而言，合法性概念的代表性论述首先是马克斯·韦伯提出的，他认为经合法程序组成并有效能的政府就具有合法性。亨廷顿认为能提供秩序并有统治能力的政府就具有合法性。政治哲学家罗尔斯认为，西方社会和非西方社会的合法性条件完全不一样，自由宪政是西方的合法性，非西方社会中只要有守法、协商、和平，就是具有合法性的政府。但是，在冷战时期，美国政治学学者李普塞特将韦伯的合法性概念中的合法律性置换为竞争性选举，认为有选举授权的政府才具有合法性。这个概念迎合了美国冷战政治的需要，被美国政府大加推广。很多中国人接受的也是这个概念，并以此来衡量中国政治。竞争性选举即党争民主的结果已经得到充分展示，由选举产生但不能有效治理国家甚至导致国家动荡不安、国家分裂的政府，何来合法性？

基础性概念往往会演变为流行性观念，观念产生政策，政策产生结果，基础性概念的应用性价值无可比拟。可以说，越是基础研究，其用途就越大。因此，对社会科学的基础研究/应用研究之分必须得到厘清，需要正本清源。社会科学的各学科都是为了应用而存在，只不过"用"在不同层次而已。

凡此种种，要说的话似乎还有很多。笔者愿和中国政治学同仁一道为打造中国自主性政治学而努力，也祝愿"政治学人"更加努力，越办越好！

2024 年 4 月于北京

目　录

中国政治学的学科起源与发展道路

解码中国之治，建构中国之学：
中国政治学的自立自强之路

——对话张树华教授

编者按　新中国成立 70 多年来，尤其是改革开放 40 多年来，中国创造了经济快速发展和社会长期稳定的世所罕见的伟大奇迹。与此形成鲜明对比的是，21 世纪以来，在恐怖袭击、金融危机、政治极化、民粹浪潮和地区武装冲突等的轮番冲击下，西方世界的政治、经济和社会发展遭遇了重重困境。我们应该如何看待这些令人深思的现象？如何解读世界大国围绕民主等政治价值展开的激烈纷争？中国政治学界该如何构建中国之治的知识体系和话语体系？如何总结好中国发展的经验优势，进而向世界阐释好"中国之道"？如何实现中国政治学的自立、自主和自强？本次访谈邀请到了张树华教授，共同探析中国政治学自主知识体系构建的进展与现状，解码中国之治。

本期学者　张树华，中国政治学会常务副会长，中国社会科学院政治学研究所所长，中国社会科学院大学政府管理学院院长，中国社会科学院社会主义民主研究中心主任，《政治学研究》杂志主编，全国政协第十一届、十二届、十三届委员，中国政策科学研究会副会长，中国新兴经济体研究会副会长。研究领域主要为中国政治、世界政治，重点关注苏联及俄罗斯问题、民主化比较研究。专业研究领域成果丰硕，首发论文、研究报告及文章 600 余篇，出版学术著作（含译著）30 余部。4 项科研成果获中国社科院优秀科研成果奖，近 30 篇研究报告获中国社科院优秀对策信息奖。曾主持或参加 20 余项国家社会科学基金重大项目、中国社科院重大（重点）课题研究。

政治学人：张老师您好，感谢您百忙之中接受"政治学人"平台的采访！我们先从您的学术经历谈起吧。您于 20 世纪 80 年代末到 90 年代初曾在莫斯科大学求学并取得博士学位。您在海外求学的经历对您后来的学术发展产生了怎样的影响？

张树华：1986 年，我自南开大学外文系提前一年修满学分毕业，来到中国社会科学院苏联东欧研究所工作。1987 年中苏恢复教育交流，我在 1989 年考取了国家教委的公派研究生，并于 1990 年 3 月进入莫斯科大学社会学系攻读研究生、苏联的准博士，专业是政治社会学专业，研究方向为比较政治。我初到莫斯科时，正值东欧剧变。在苏联，戈尔巴乔夫发起民主化改革热潮，国际形势变幻莫测。在莫斯科大学就读期间，我几乎每天不断地搜集和阅读大量的俄文报刊和图书资料；通过电视等传媒直接观察苏联社会舆论的变化，跟踪分析新闻和政治事件；同时也积极接触苏联学术界、政界的一些人士，了解和讨论这个过程。这一切不仅为我的博士论文输入了养分，同时也进一步淬炼了我的政治信仰和学术立场。

4 年后，1994 年初，我完成了用俄语撰写的副博士论文《向市场经济过渡条件下中俄政治改革比较研究》，剖析了苏联政治改革的历程及教训，总结了中国均衡改革发展稳定的秘诀。我的论文答辩受到与会俄罗斯专家的高度赞扬。毕业答辩之后，我便启程回国，回到中国社会科学院继续工作。但我与莫斯科大学以及俄罗斯学术界的情缘和纽带从未间断。后来我受邀成为《莫斯科大学学报》和俄罗斯科学院专业学术刊物的国际编委。毕业 20 年后，2014 年又被莫斯科大学社会学系授予荣誉教授称号。

我亲身经历并目睹了苏共败亡、苏联解体这场轰轰烈烈的历史性大事件，这为我从事苏联-俄罗斯问题的研究打下了良好基础。但我并未局限于此，在继续关注苏联-俄罗斯问题的同时，还把比较视野落在新兴民主化国家的政治衰败以及西方国家的自身民主困境上。从研究苏联-俄罗斯民主化问题到研究新兴民主化国家政治衰败再到研究西方民主政治困境，这些研究经历和成果，铸就了我的政治立场，坚定了我的学术自信，也为我后来关注构建中国特色政治学自主知识体系，关注中国之治，解码中国奇迹的政治秘诀提供了理论支撑。

20 世纪 80 年代末到 90 年代这段时间，我的研究聚焦在戈尔巴乔夫、叶利钦的"民主化"改革教训上。我出版过关于苏联解体以及俄罗斯民主化原因与教训的专著，如《私有化是福？是祸？——俄罗斯经济改革透视》（1998）、《过渡时期的俄罗斯社会》（2001）、《当代俄罗斯政治思潮》（2003）、《苏联共产党意识形态工作的教训》（2008）等；后来通过历史视角全面总结俄罗斯改革道路，出版了《俄罗斯之路 30 年：国家变革与制度选择》一书。我还组织编选翻译过《普京文集》（2008）、《亲历苏联解体：二十年后的回忆与反思》（2011）等。

2004 年，我从中国社科院俄罗斯东欧中亚研究所调到政治学研究所工作，受命组建比较政治研究室。当时国际上一些国家不时爆发"颜色革命"。面对新兴民主化国家的困境，为了有效防范和应对"颜色革命"，我提出破解西式民主迷思、破除民主化误区、树立正确的民主观。

2007 年初，我调任中国社科院图书馆（文献中心）副馆长，并兼任《国外社会科学》杂志主编。2011 年 8 月，在院党组领导下，组建信息情报研究院，我担任首任院长。在这 10 多年间，我逐渐拓宽学术研究领域，将传统意义上的西方民主国家纳入我的研究视野，提出西式民主化悖论、西式民主异化变质、西方政治衰退等命题，提出要坚持政治自信和学术自信，应推出中国升级版的民主研究框架和范式。就此我出版了相关专著，例如《民主化悖论——冷战后世界政治的困境与教训》（2015）、《新民主观与全面政治发展》（2018）等。

2019年春，我又回到政治学所任所长。在分析研究苏联—俄罗斯问题、所谓"转型"民主化国家衰败以及西式民主失灵、治理失效的基础上，我开始关注加快构建中国自主的政治学知识体系，解码中国之治，解释中国成功的政治秘诀，并出版了相关专著，如《制度兴衰与道路成败——世界政治比较分析》（2022）、《民主观与发展路——世界大变局与中国政治学》（2022）、《中国之治：制度体系与治理效能》（2023）等。

30多年来，我不敢说为社会作了多大的贡献。如果说有一些成绩也要感谢伟大的国家和这个伟大的时代。多年来，我做事、做成事的原则和动力主要是：责任、坚持和自信。

回忆起来，有一些场景令我至今印象深刻。例如，2002年初夏，应俄罗斯科学院的邀请，俄罗斯迎来了有史以来最大的中国社会科学家代表团。团长是时任中共中央政治局委员、中国社会科学院院长李铁映，副团长为时任全国人大常委会委员、中国社会科学院副院长李慎明。代表团成员均为社会科学相关学科、专业的领军人物。代表团马不停蹄，在不同场合宣讲中国改革开放的历程和经验，曾经的苏联总理、院士、苏联航天英雄等各界名流聚集一堂，形成了一场场思想与智慧交锋的"头脑风暴"。近200人的多领域、跨学科的思想和知识的盛筵，对我最大的考验是如何始终自如、流畅地做好中俄文交叉互译。我当时作为团员，同时承担了全程主要的口译工作。应对这些高强度、大容量的口译工作，既需要充足的语言和知识储备，也需要过硬的反应能力、经验，甚至是体力。

在访问考察的那10多天里，我常常是早6点起床，晚10点才结束工作。作为主要翻译，我不能有丝毫怠慢，嘴巴不停，翻译不止。嗓音沙哑了，从随队医生处要几颗含片；胃口不好，吃不下饭，喝几口水权当充饥。最后，我的翻译打动了中俄众多同行专家的心，也赢得了随行的我国驻外使馆外交官的由衷赞叹。俄罗斯科学院的一些院士们纷纷称赞：中方的翻译流畅、准确，完整地传达了演讲人的思想，充分地表达了双方的情感，巧妙地烘托了交流现场的气氛，恰当地提高或放大了中方的气势和气场，给听众留下了深刻的印象。

几年后，2006 年初夏，我陪同俄罗斯科学院经济学家代表团访问浙江。时任中共浙江省委书记习近平在杭州接见代表团一行。习近平同志超凡的风度和行云流水般的谈吐给俄罗斯院士们留下深刻印象。俄方代表团团长、俄罗斯科学院副院长、著名经济学家尼基别洛夫院士当面对我的全程陪同和翻译表示感谢。他说："你的翻译让我更加了解中国，我脑海里对中国的印象和理解总是与你相关联。"

时光荏苒，白驹过隙。"会当凌绝顶，一览众山小"。欲看人生壮丽风景，青年时期要海纳百川、积蓄能量、把握方向、砥砺前行、奋力攀登。正可谓："山至高处人为峰，海到尽头天是岸"。

政治学人：新中国成立以来，中国创造了世所罕见的经济快速发展奇迹和社会长期稳定奇迹。冷战后 30 年来，中国独特的发展道路令世界瞩目。党的二十大报告中提出，以中国式现代化全面推进中华民族伟大复兴。您如何看待中国奇迹、中国式现代化背后蕴藏的政治密码？

张树华：改革开放 40 多年来，中国的发展所取得的伟大成就被外界誉为"21 世纪最重大的政治事件"。中国特色社会主义政治发展道路就是改革开放 40 多年"中国奇迹"背后最显著的"政治密码"。

中国特色社会主义政治发展道路坚持全面而科学的政治发展观，坚持民主、稳定、效能等统一的治理理念，坚持全面、协调、包容性的政治发展路线，是中国成功的关键所在和政治依托。

百余年来，中国共产党人披荆斩棘、艰苦探求，找到了一条正确的发展道路。中国特色社会主义道路不走封闭僵化的老路，更不走改旗易帜的邪路，更没有选择照搬照抄、全盘西化的死路、绝路。中国道路是立足中国国情自主探索出的，具有浓厚的本土化特色；中国道路坚持以民为本，最大限度地调动了人民的积极性和创造性；中国道路强调一切从实际出发，这是其顺利成长的基本原因；中国道路坚持"五位一体"的有机统一，坚持"四个全面"统筹推进，坚持新发展理念，从而实现了发展合力最大化；中国道路的关键秘诀是科学地处理了改革、发展、稳定的关系。

当代中国政治发展秉持全面性、稳定性、发展性、协调性、民主性、包容性相统一，实现了民主法治、权利秩序、廉洁效能等政治价值的有机统一，实现了持续、协调而全面的政治发展。全面的政治发展观强调政治发展与经济发展、文化发展、社会发展及人的发展的平衡，强调政治发展应当有利于经济发展，有利于社会公平和正义，有利于人与自然的和谐，有利于世界和平与进步。

当代中国政治发展的特征与优势包括：（1）稳定性。稳定性体现在稳定的政治秩序、有序的政治参与、法治与民主并行、有效的国家治理能力等几个方面。（2）发展性。谋求发展是当代中国政治发展的出发点和目标。政治发展是中国特色社会主义现代化事业的有机组成部分，与经济发展、社会发展、文化发展、人的全面发展相互协调、相互促进。（3）持续性。当代中国政治发展按照社会主义改革发展总体事业的部署进行，一方面，始终与国家发展战略保持同步；另一方面，在发展大局的指导下，政治发展也有自身的战略、规划、步骤，是持续的、循序渐进的发展过程。（4）协调性。协调性既体现为政治发展价值目标——民主、法治、效能之间的协调与平衡，又体现为政治发展与经济、社会、文化的发展相互协调。（5）人民性。中国的人民代表大会制度这一根本政治制度以及中国共产党领导的多党合作和政治协商制度、基层群众自治制度以及民族区域自治制度，较好地处理了民主与集中、个人权利、集体权利与国家权力等关系。（6）包容性。提倡"包容性""团结性"，绝不意味着拒绝一般意义上的民主，而是要以全面推进政治发展的理念带动民主的进步，通过政治发展解决社会问题，为经济提供政治保障，带动经济发展、文化进步和社会和谐。

坚持全面政治发展观，旗帜鲜明地坚持党的领导，拥护中国政治核心。坚持党的领导、坚持社会主义道路、拥护全党坚强有力的政治核心，有利于"寻求最大公约数、增进最大共识度、形成最大凝聚力"，有利于维护稳定的政治发展氛围，有利于"集中力量办大事"，有利于形成代表最广大人民根本利益和国家长远利益的方针政策。

作为中国道路的组成部分，当代中国的政治发展冲破了西方固有的"民主—专制"单一化思维定式和双重标准，抵制住了西方以"民主、自由、人权"为幌子的文化霸权的侵扰，排除了"激进民主主义"和"自由民主一元论"的干扰，以坚定的政治立场、开放的发展视野，顺应人民意愿，秉承全面、协调、包容的发展理念，开辟了世界政治中一条独具特色和卓有成效的发展之路。

政治学人：您刚刚提到西方固有的"民主—专制"单一化思维定式，据观察，西方世界逐步陷入了政治与经济发展瓶颈，这与"中国之治"形成了鲜明对比。在您看来，西方世界如今面临怎样的发展困境？困境的根源何在？

张树华：进入 21 世纪以来，在恐怖袭击、金融危机、政治极化和民粹浪潮的轮番冲击下，西方世界在持续性的政治、经济和社会发展困境中步履蹒跚。究其根本，是西式民主陷入理论迷思和实践困境。西式民主本质上是资本的统治，是金钱政治，是寡头政治。西式民主有着先天性基因缺陷，经过两三百年的演变，始终没能洗去其阶级差异和种族歧视的印痕。

从源头上看，冷战后至今的西式民主，主要来自冷战时期数代西方民主理论家的改造。以选举为核心要素的精英民主理论，历经罗伯特·达尔、萨托利等几代西方民主理论家的不断充实、打磨，逐渐被确立为西式民主的标准模板，并在少数西方大国的主导下被包装成所谓的"普世价值"。从世界政治的角度看，冷战后的30年，西式民主极力独揽话语权并塑造全球政治格局和价值取向。

然而，冷战后西式民主全球扩张的30多年，同时也是其理论出现破绽、实践渐次"破产"的30多年，是其内部出现整体性、系统性危机的30多年。在此期间，西式民主严重透支、过度超载。以选票为导向的西式民主操作系统漏洞频出，政治软件程序携带并传播病毒。加上金钱、传媒、种族、战争等因素的影响，西式民主已经异化变质。选举变成了"选主""争主""乱主""烂主"，大选变成一场政治下注、情感赌博和权术赌场，西式民主演化成几年一次、表面喧闹的选票市场、选举闹场、政客秀场、政党赌场。在这种赌博性、表演性的民主"秀场"之上，人民主权被改造为人民被动地选择"统治者"，民主的实质也被分解为简单的、碎片化的选举操作。

近年来，西式民主在理论上走入极端，在逻辑上陷入悖论，在实践中落入泥潭。尤其是2008年国际金融危机以来，西方社会深陷经济和政治危机而难以自拔。2016年以来，伴随着民粹和排外浪潮的冲击，西式民主陷入空前困境。尤其是2021年1月发生在美国首都的冲击国会山暴乱，彻底撕下了美式民主的"国王的新装"，让全世界看到了美式民主的乱象和丑态。

冷战结束以来30多年间，"民主"一词被西方阵营强行垄断并蛮横地滥用。在西方阵营内部，民主被赤字化、异化、劣质化。在西方政治阵营内外，民主被绝对化、教条化、工具化、简单化、武器化。然而，几十年来的世界政治现实刺破了西式民主的伪善和"完美"表象——非西方国家因照搬西式自由民主而政治乱象频发，西方政治阵营暴露出越来越多难以克服的制度性痼疾。这些都彻底颠覆了西式自由民主的种种神话，击碎了在少数西方大国的不断煽动下所泛起的诸多"民主泡沫"。

冷战后30多年的历史表明，世界政治动荡的乱源在美国。美式民主模式失灵了，美式民主对外输出失败了，美国频打民主牌失效了。有着基因缺陷，又身染政治病毒的美式民主神话破灭了，在全球实施民主化改造的战略破产了。美国引以为豪的自由民主式软实力大幅度缩水，国际形象与政治影响力大跌。

如今，西方世界不得不承受"民主赤字、社会撕裂、政治对抗、治理失能"之累，俄罗斯等所谓的转型国家不得不承受"全盘西化、自由化、民主化、私有化"之害，一些发展中国家则不得不承受移植西式民主失败、民主异化变质和劣质民主之苦。

世界政治发展规律深刻证明：民主是一种十分复杂、多维的政治现象。无论是作为政治概念、政治观念、政治价值，还是作为政治制度、政治模式、政治体制，抑或作为政治道路、政治进程，民主都是历史的、成长的、变化的、具体的、多样的。世界上任何国家都不能唯我独尊，将民主垄断化、私有化，进而工具化、武器化，将民主变成称王称霸、肆意打压他国的工具。

政治学人：那到底什么是好民主、好政治呢？在中国独特的发展道路中，我们树立了怎样的民主观，又是如何构建中国之治的？

张树华：民主作为全人类美好的价值追求，各国都有其实现路径。民主是历史的、具体的、发展的。纵观人类社会发展，各国民主植根于本国的历史文化传统，成长于本国人民的社会实践探索和智慧创造。民主道路不同，民主形态各异，只有适合国情、符合民意、惠及民生、赢得民心的民主，才是好民主。

长期以来，以美国为代表的一些西方国家不断将民主人权工具化、武器化，把民主"普世化"，以民主"教师爷"自居，否定民主多样性，甚至干涉和破坏他国民主，给人类和平发展带来了严重祸端。2021 年德国发布的民主认知指数显示，在 53 个国家的 5.3 万名受访者中，认为美国才是民主最大威胁的高达 44％，而在德国这个比例超过了一半。

中国民主是人民民主，中国之治是人民之治。首先，人民民主始终代表最大多数人民利益、保障最大多数人民权利。人民可以通过民主选举、民主协商、民主决策、民主管理、民主监督全方位参与民主政治，使国家政治生活和社会生活各环节、各方面都体现人民意愿、听到人民声音、做到人民至上。

其次，人民民主是一种全过程民主，而不是间歇性的、场次性的选票市场、选举闹场、政客秀场、政党赌场，而是实实在在的，老百姓看得见、摸得着的民主。中国的民主实践与发展，使广大人民群众感受到了真真切切的获得感、幸福感、安全感，使老百姓对美好生活的需要得到了最大程度的满足。

最后，民主不是装饰品，不是做摆设的，而是用来解决人民需要解决的问题的，是真实、有效、管用的民主。因此，人民民主是符合中国国情的好民主，是得到人民衷心拥护的好民主，是具有深厚现实基础和广阔发展前景的高质量的新民主、好民主。

在明确何谓好民主之后，何谓好政治也需要回答。与好民主一样，世界上不存在通用的好政治模式，只存在通用的好政治标准。好政治的标准即必须获得人民信任，必须符合人民预期，必须满足人民意愿。

中国社会科学院政治学研究所一项最新的调查结果显示，中国公众对政府的总体信任度达到97.3％，对中央和地方政府的信任度分别为96.8％、91.4％。另外，2022年度"爱德曼信任度晴雨表"报告显示，中国民众对政府的信任度攀升至91％（持续排名第一），而美国民众对政府的信任度则跌至39％。因此，好政治不是他国强加的，而是本国人民拥护的；不是宣传标榜出来的，而是人民真正享有的。只有符合好的政治标准，才能增进人民对民主道路的信心，才能形成人民对民主制度的认同，才能凝聚人民对民主价值的共识。

政治学人："全过程人民民主"也是近年来中国民主研究的主要理论增长点。2021年下半年，中国社会科学院成立了社会主义民主研究中心，《政治学研究》也集中刊发了多篇民主研究的佳作。作为中国社会科学院社会主义民主研究中心主任与《政治学研究》主编，请问您如何理解全过程人民民主的独特理论优势，以及"全过程人民民主"实践对于中国特色社会主义民主建设的独特作用？

张树华：中国的民主是一种新质民主。全过程人民民主是人民民主理论与实践的一个独特表达和最新概括。发展全过程人民民主对于坚持和完善人民当家作主制度体系，坚定不移走中国特色社会主义政治发展道路，继续推进社会主义民主政治建设、发展社会主义法治文明，进而全面建设社会主义现代化国家，都具有重大理论意义和现实意义。在全过程人民民主的推进中，我们要注意丰富人民民主形式、创新人民民主实践，提炼中国的民主观和政治价值理念，为人类文明发展贡献中国智慧和中国方案。

近两年，全过程人民民主重大理念提出后，国内不同学科的学人从不同角度予以了多维的阐释。我认为，全过程人民民主主要有以下几个本质特征：其一，人民至上、群众线是全过程人民民主的逻辑起点和政治底色。全过程人民民主广泛体现人民意志、真实保障人民权益、有效激发人民创造活力，依靠人民主体参与，旨在保障和实现人民政治、经济、社会、文化、生态等广泛权利的人民民主。习近平总书记强调，江山就是人民，人民就是江山。打江山，守江山，守的是人民的心。坚持人民至上，守民心、惠民生、聚民意、汇民智、解民忧的"人民观"是新时代政治观的本质精髓，也是新时代民主观的思想本源和价值体现。发展全过程人民民主是从全体人民根本需求出发，以实现最广大人民的根本利益为出发点。所以，民主真不真，根基在人民。民主好不好，民生最重要。民主假与真，关键看民心。

其二，社会主义是发展全过程人民民主的制度规定与根本方向。习近平总书记多次强调，我们走的是中国特色社会主义政治发展道路。首先，社会主义与民主密不可分。历史和实践反复证明，社会主义民主能否稳步发展，事关社会主义事业的兴衰成败。新中国成立后尤其是改革开放以来，党带领人民探索实现国家富强、人民富裕的现代化道路，不断健全民主政治体系，提高国家治理能力和水平，优先解决现代化建设中压倒一切的紧迫性、优先性问题，实现了民族独立和国家富强的历史任务，推动中国特色社会主义进入新时代。其次，全过程人民民主的建设和发展不能偏离社会主义原则和方向。中国发展民主必须坚持社会主义的本质属性与根本方向。坚持中国特色社会主义政治发展道路，我们既不能走过去封闭僵化的、被实践证明走不通的老路，也不能走改旗易帜、改变社会主义制度根本属性的邪路，更不能裹足不前、故步自封，而是要把坚定制度自信和不断改革创新统一起来。民主政治建设必须着眼于社会主义现代化建设和中华民族伟大复兴全局，这样社会主义民主才会焕发出更加耀眼的光芒。

其三，全过程人民民主实现了民主高质量与治理高效能的统一。在中国，民主不是仅仅行使间歇性投票权的狭义和狭隘的民主，而是以发展为导向的高质量的民主，是一整套全新、系统完备、运行良好、机制高效的民主体系。中国共产党始终站稳人民立场，贯彻群众路线，尊重人民的首创精神，践行以人民为中心的发展思想，发展全过程人民民主，维护社会公平正义。真正的民主是形式与功能的统一。中国共产党领导中国人民开创的全过程人民民主道路，通过人民代表大会制度以及民主恳谈会、村民议事会、村（居）民决策听证等一系列丰富多样的协商形式，实现人民群众更广泛的政治参与和更有效的民意表达，同时，全过程人民民主还内蕴群众参与和人民监督内涵。

政治学人：中国独特的发展道路，在世界政治发展中处于什么位置？"中国之治"蕴含的"中国之道"对人类政治文明来说意味着什么？

张树华：中国之治，是人民之治，是良政善治，是国泰民安，是安居乐业。中国创造了中国之治的伟大成就，推动了中国的发展与中华民族的复兴，也为丰富和发展人类政治文明贡献了中国智慧、中国方案。

首先，中国之治开辟了世界政治新路。中国之治是数百年来首个非西方、非资本主义东方大国的现代化实践，是不靠殖民掠夺、民族奴役、对外侵略战争的现代化探索，是科学社会主义在当代世界最伟大而成功的实践。

中国之治的成功，打破了美式自由民主和自由市场模式一统天下、无往不胜的"神话"，克服了美式教科书中难以化解的人民、国家主权与市场化、民主化等逻辑悖论，开辟了世界历史上一条独具特色而卓有成效的发展之路。

中国之治实现了以全面而协同的发展格局统合"自由民主、秩序稳定、清廉效能"等价值目标，实现了国家经济、政治、文化、社会、生态等各方面的稳定性、发展性、持续性、协调性、实效性，开辟了世界政治新道路，推动了国际政治经济秩序更加公平合理。

其次，中国之治开启了人类政治文明新样态。中国之治打破了"历史终结论""社会主义中国孤岛论""西方模式完胜论""西方中心论""美式价值普世论"。当前，个别西方国家仍然固守僵化过时的西式民主一元论和冷战思维，动辄以民主的名义拉帮结伙、分裂世界，妄图挑起所谓"新冷战"。在这些国家的政客眼中，世界上只有"同我者活""逆我者亡"，国际上没有合作和共赢，只有你下我上、非输即赢的"比、争、斗"。

与此截然相反的是，中国的发展观超越了传统的大国竞争逻辑，我们眼中没有"淘汰赛"，也没有"擂台赛""拳击赛"。世界的进步，靠的是你追我赶、奋勇争先的"田径赛""接力赛"，中国之治所体现的发展观和全球观超越大国对抗的逻辑。中国眼里的世界是一个争芳斗艳的大舞台，是一个百花齐放的大花园。构建人类命运共同体的伟大构想，彰显了中国共产党"为世界谋大同"的天下情怀。

最后，中国之治蕴含了中国人民对于合作和安宁的美好期盼。全世界各民族文化和政治文明各美其美，美美与共。世界人民对于和平发展、公平公正，互帮互助、共建共享，有着共同的价值追求。在此过程中，中国展现出一个负责任大国的担当与作为，赢得世界各国的认可。面对世界百年未有之大变局，世界各国更应该高举和平、发展、合作、共赢的旗帜，认识到全人类是一个命运共同体，不断推动建设相互尊重、公平正义、合作共赢的新型国际关系，大力推动国际关系民主化，推动人类政治文明实现新发展。

政治学人：您曾提到中国政治学界应在努力破除西方话语逻辑陷阱的基础之上，突破有基因缺陷的西式政治模式的天花板，实现政治学的自立、自主和自强，这已经不是"能不能"的问题，而是"敢不敢"和"如何做"的问题。那我们应该"如何敢"又"如何做"呢？您对中国政治的未来、中国政治学的发展，抱有怎样的期待？

张树华：我们需要抓住提高原创能力这个关键，打造具有中国特色、中国风格、中国气派的政治学学术体系、学科体系、教材体系、话语体系，加强对现实问题的研究，更好地服务决策、服务大局。为此，我们要从自身的发展现实中去提炼本土化的理论，用自主化、中国化的理论来认识中国、解释中国，指导中国的现代化进程。首先，中国的发展奇迹、远景、未来征程中的风险，需要政治学提供理论逻辑解释与知识应对。中国的发展奇迹需要本土化的理论解释。中国的发展远景目标需要政治学的理论指导。中国发展面临的风险和问题需要基于中国实践的理论反思。

其次，任何理论的适用都有特定条件。西方的政治理论只是适用于特定场域，用其解释全世界范围的问题或现象存在欠缺，其理论输出有着鲜明的霸权主义底色。西方政治学理论产生于特定的社会历史条件。若不顾自身条件，囫囵吞枣，盲目照搬，拾人牙慧，只会让自己陷入思维矛盾，或落入逻辑陷阱，或进入死胡同，与中国的现实越离越远。

中国政治学的本土化建设势必要服务于最广大人民群众，要为国家的富强、人民群众的幸福提供知识和智慧。为此，构建中国政治学应坚持以下原则。

一是坚持以马克思主义为指导的原则。马克思主义是普遍的真理。中国共产党通过灵活运用马克思主义原理，将其与中国具体实践相结合，带领中国人民取得了革命的胜利，走上改革和建设之路，并形成了中国化的马克思主义。政治学研究只有坚持以马克思主义为指导，推进马克思主义中国化时代化，才能保证研究结果的科学性和适用性，才能保证不脱离中国实际。

二是坚持党的领导的原则。中国特色社会主义最本质的特征是坚持中国共产党领导，中国共产党的领导是我们国家走向成功的关键。政治学作为治国安邦之学，它的发展必须围绕这个最大的实际展开，这样才能保证理论有现实指导意义，有生命力。在政治学研究中，坚持党的领导不仅要体现在政治导向的正确性上，还必须体现在思考党应该如何更有效领导全国各族人民推动国家治理体系和治理能力现代化。

三是坚持服务人民的原则。中国的政治学不同于西方的政治学。西方政治学是资产阶级政治学，思考的是如何维护既得利益者的利益，而罔顾大多数人的利益。中国的政治学应该坚持以人民为中心，坚持以全面发展为导向，强调最广大人民群众的利益。目前中国政治学的热点议题，比如力戒形式主义官僚主义，防范意识形态风险，推动国家治理体系和治理能力现代化等，这些话题的出发点和落脚点都是维护人民群众的利益。我们的政治学要一以贯之，坚持为人民作学问，为时代著文章，以高质量的学术成果为人民服务，回馈人民群众，回应社会期盼。

四是坚持实事求是、与时俱进的原则。当前西方政治学在中国面临解释困境，在其生长的土壤中也面临着解释危机。中国政治学必须正视这个现实，即必须坚持与时俱进，自立、自主、自为、自强，坚持理论自信和学术创新，发展我们的理论。随着中国特色社会主义进入新时代，我国社会主要矛盾发生历史性变化，由此提出了推进国家治理现代化的时代命题。而要推进国家治理现代化，更好地将中国特色社会主义的制度优势转化为国家治理的效能，就必须精准把握好从中国之制迈向中国之治的重要关节点。

五是坚持洋为中用的原则。坚持本土化并不意味着自我封闭，对西方政治学理论一概弃之不顾。对待西方的政治理论，我们应善于取长补短，努力做到融贯中西，向世界展示中国特色、中国风格、中国气派的中国政治学。不断将中华优秀传统文化、中国对人类未来的思考以通达的方式告诉世界，推动中国和世界联通的进程，促进文明互学互鉴。

当下，中国实践积累起的治理成效与经验已经相对成熟，中国政治学界应在努力破除西方话语逻辑陷阱的基础之上，突破有基因缺陷的西式政治逻辑体系的天花板，实现政治学的自立、自主和自强。中国的政治实践视野开阔，使得研究者能够突破西式自由民主"一元论"的束缚，在全面发展观的宽广平台上探讨民主与发展、民主与治理等问题的方向和着力点。我对中国政治学未来的发展充满信心。

政治学人：当今世界正经历百年未有之大变局，而每一次世界历史的跌宕起伏，都有其深刻的政治根源。那么，我们在认识世界变革与调整的同时，应该如何把握中国哲学社会科学的未来发展方向？尤其是应如何自主探索中国政治学的前景？

张树华：当今世界正处于一个政治思潮变幻激荡、政治格局分化重组的新时代。对于身处百年未有之大变局的广大哲学社会科学工作者而言，我们有理由为改革开放40多年来所取得的成就而自豪。同时，站在新的历史起点上，切实肩负起繁荣中国特色哲学社会科学的责任，这更是一份责无旁贷的时代重托。

第一，必须以时不我待的紧迫感，加快构建中国特色哲学社会科学体系。习近平总书记的"5·17讲话"，提出了对中国哲学社会科学界的重大期待。建设新时代中国哲学社会科学，一个最为根本的遵循就是，必须以习近平总书记的相关重要讲话和指示精神为中心，立足中国，在"特色""风格""气派"等方向性基础性领域下功夫，将当代中国的"时代性""民族性""科学性""创造性"等深深融入中华文明和当代社会发展的洪流中去。与时代同步，与人民同呼吸共命运。

第二，要善于总结中华优秀思想文化资源，提炼中国智慧，构建中国方案。中华民族有着五千多年优秀的文明史，拥有世界历史上独树一帜的悠久且灿烂的传统文化，积累了极为丰富的经验性资源。其中，既包括历代盛世王朝治国平天下、物阜民丰的有益启示，也有着王朝末世战乱频仍、国计民生凋敝不堪的负面教训。所有这些综合在一起，共同构成了今天当代中国治国理政的宝贵历史资源。

第三，要珍惜和拓展当代中国这座资源宝库，凝练思想，升华理论，提升学术研究层次和水平。要坚持以重大问题为主攻方向，尤其是在经济学、政治学、社会学、国际问题研究等社会科学相关领域，不断加强对我国发展和党执政面临的重大理论和实践问题的研究，加强中国共产党百年奋斗史研究，加强重大社会思潮辨析引导，推出更多高水平研究成果。

中国政治学要实现自身真正的发展乃至崛起，走自主探索的道路是必然路径。自新中国成立和改革开放以来，坚持有破有立，中国政治学自主之路走过了几十年的艰辛探索。时代是思想之母，实践是理论之源。习近平总书记指出："在解读中国实践、构建中国理论上，我们应该最有发言权，但实际上我国哲学社会科学在国际上的声音还比较小，还处于有理说不出、说了传不开的境地。"为此，中国的政治学研究必须充分立足中国特色社会主义新时代，依托更为广阔的中国政治实践及其需要，这样才能不断将中国政治学的自主探索推向新阶段。

总之，立足新时代，把握新机遇，是构建中国特色政治学理论体系的大背景。在此基础之上，还必须秉持清醒的理论自觉、坚定的政治信念、科学的思维方法，坚定不移地走自主探索的学术道路。面向未来，中国政治学学者要立志高远，不畏艰辛、不辱使命、奋发有为，努力做出无愧于时代的真学问、大学问。

政治学人：作为中国政治学会的常务副会长，您想对支撑中国政治学未来的青年政治学人说些什么？

张树华：当今世界正处于百年未有之大变局。我们正亲临和目睹令人瞠目的世界之变、历史之变。

作为新时代的中国青年政治学人，理应也能够在这个复杂多变的大形势下提供真知灼见。希望你们立足中国大地，仰望星空，展望世界。你们有幸近距离观察和感受中国政治的运行和社会脉动，有机会纵览天下风云变幻。

希望你们胸怀理想，与时代同行，为人民做学问。在火热的实践中和广阔的世界语境中激扬文字，阐发思想，锤炼品格。

希望你们用中国政治学人的答卷来回答世界之问、时代之问、人民之问，也为阐明中国之理、建构中国之学、弘扬中国之道做出你们新一代应有的贡献！

采访编辑：史清渠、陈若凡、欧阳星
采访日期：2022 年 12 月 19 日

深耕中国政府与政治的大学问

——对话朱光磊教授

编者按　改革开放以来，中国在党和国家机构改革、服务型政府建设等方面进行了多轮实践探索与理论反思，但其共同的基础——转变政府职能的工作却"还在路上"。我们应该如何理解"政府职能转变"的概念与其历史沿革？优化中国特色政府职责体系的路径在何方？如何更好推动中国政治研究的发展？为此，"政治学人"平台专访南开大学朱光磊教授，共话中国政府与政治研究的大学问。

本期学者　朱光磊，1959 年生，天津市人，南开大学原副校长、教务长，现任南开大学讲席教授、南开大学中国政府发展联合研究中心主任，国务院职能转变工作推动小组专家组成员，中国政治学会副会长，教育部政治学教指委副主任委员，天津市社科联副主席、市行政管理学会会长。国务院学位委员会第六、七届政治学学科评议组成员。主要研究领域为政治学理论、现代政府理论与中国政府、中国阶层与收入分配问题等。2003 年获全国首届高校教学名师奖，2008 年入选教育部长江学者特聘教授。2004 年"中国政府与政治"被评为国家级精品课；2008 年"中国政府与政策教学团队"被评为国家级优秀教学团队；2020 年，主讲的"中国政府与政治"本科课程获评首批"国家级一流本科课程"。代表性论文有《"职责同构"

批判》《在转变政府职能的过程中提高政府公信力》等；代表性著作有《中国社会各阶层分析》《中国政府过程》《现代政府理论》《政府职能转变研究论纲》等。现主持国家社科基金重大项目"中国政府职责体系建设研究"、深圳市重大委托项目"流量城市与国家治理能力建设"等。

政治学人：朱老师，您好！非常感谢您接受"政治学人"平台的专访！您曾有过哲学与政治经济学的学习经历，也曾研究过社会阶层与中国政府。这些教育经历对您后来的学术发展都产生了哪些影响呢？

朱光磊：谢谢"政治学人"平台！我于 1980 年通过自学考入南开大学哲学系学习。事实上，在填报志愿的时候，我更希望从事政治学专业的学习，但当时中国尚未恢复政治学专业，我觉得政治学和哲学比较接近（事实上还是有很大区别的），就填报了哲学专业以及其他学校社科、法律等方面的专业，最终有幸与南开结了一生的缘分。当时正是吸收知识的黄金时期，思维训练对我的帮助和影响很大。这主要体现在：一方面，哲学对基本范畴提炼的重视，令我终身受益。在和学生交流的过程中，我反复强调要培养"找抓手"的能力，实际上就源自这一训练。"职责同构"的概念，就是典型的"抓手"。另一方面，我比较注意历史和逻辑的辩证统一，重视主观和客观的联系与区别。举个例子，我在讲阶级概念时，一定会谈到两句话：阶级是一个客观存在着的经济实体；相应的，阶级概念作为对人们这种经济关系的理论概括，首先是一个特定的经济范畴。这两句话，一个侧重于客观，一个侧重于主观。这些思维方式，对于提高我在政治学、行政学研究中的理论层次起到了非常关键的作用。

尽管本科和硕士阶段，我一直在哲学系学习，但始终坚持利用业余时间自学政治学。本科期间，我利用七个寒暑假，将校图书馆几乎所有的政治学、行政学专业的藏书（当时藏书并不多，基本是旧书）全部读完，做了大量的笔记，专业水平有了很大提升。以本科毕业论文为基础完成的《以权力制约权力：西方分权论和分权制评述》被收入"走向未来丛书"，发行了十万余册，产生了很大的影响力，成为我一生的学术底盘。硕士期间，我在封毓昌教授的指导下研习历史唯物论，特别是马克思主义国家学说。其间，我阅读了大量的马克思主义经典著作，除了马恩列斯的著作，像普列汉诺夫等人的著述，我也读了不少；读"毛选"的基础小时候就有。所以说，这一时期我实际研习的是政治学理论，主要研究国家的本质与职能问题。对这个问题的理解，直接影响到我后来对于政府职能转变研究的思考。我是在职读的博士，研究方向是政治经济学。在朱光华教授的指导下，我深化了对于收入分配和国家经济职能等课题的认识，提高了我认识中国问题的深度和系统性。

总的来说，在学生阶段，我相当刻苦，在学习上投入了非常多的时间和精力，同时在吸收知识的全面性和深度方面做得比较好。比如，我大体上浏览了《马克思恩格斯全集》，重点学习了其中的不少章目。我现在上课经常会提到的马克思的《关于现代国家的著作的计划草稿》，就是我在浏览《马克思恩格斯全集》的时候发现的。之前，国内外学术界不太重视这部分内容，因为它是编者们后来才发现的，只有一张纸的内容，题目是编者加的，出版时间较晚，大家的印象不太深。这部分内容对我理解政治学基本理论的框架起到了非常关键的作用。使我深受鼓舞的是，我发现我对政治学原理架构的一些想法，与其架构基本一致。这应当说明，马恩的书，我基本上读进去了。我在《政治学概要》一书中，很早就专门拿出一个章节来论及"政治现象的起源"。这是我对于政治学原理教学内容的一个重要改变。

小结一下，在读书期间，除了对政治学、行政学的学习，我相当系统地学习了哲学与政治经济学。此外，在上大学之前，我比较系统地自学了辩证唯物主义和历史唯物主义、政治经济学、世界近现代史、国际共运史、中共党史、形式逻辑、现代汉语等，而且选的多是大家的本子。由于其间奠定了较好的哲学基础，接受了比较系统的社会科学训练，且写作能力较强，因此我的学术写作比较规范，注意语言的准确性和逻辑性，注意修辞。除了论文写作、政策报告之外，我的随笔功底也可以，多篇随笔被《读者》杂志、《天津日报》、《今晚报》等刊摘、连载、转载。在起点上，我是"野路子"与"学院型"相结合的产物，我有坚持走规范化道路的优势，但也有早期随意自学的局限性。由于没有经历过正规的初等教育，没有读过高中，我缺乏数理化、古代汉语和中国历史等方面的最基本训练；进入南开以后，为了"集中优势力量打歼灭战"，也由于左耳失聪，我的英语一直进步不大。这些都限制了我的一些发展。

政治学人：是什么契机让您选择深入研究中国政府与政治这一领域的呢？

朱光磊：从个人成长的角度看，我的老师，南开大学政治学系重建后的老主任车铭洲先生，是我研究中国政府的最早动议者。他在20世纪80年代中期从明尼苏达大学访学归来，就要求我开始备课，这一课纲成为后来完成《当代中国政府过程》一书的提纲。这直接奠定了我一生从事中国政府与政治研究工作的主要基础。在1990年之后，我将自己的研究计划比喻为"两臂划水"：以两到三年为一个小周期，交替前进，也即同时关注政府理论与中国政府、中国阶层问题与收入分配两大领域。在2005年之后，我将更多精力放在了前者，这主要是出于两点考虑：其一，照顾学生的想法。学生研究政府方面的课题，可以在政治学和公共管理两个学科中找到教职，同时也便于从事公务员职业。其二，在2003年后，服务型政府建设全面启动，对学术研究提出了新的课题。

政治学人：很多同行和同学反映，您对政府问题的研究似乎比较"有感觉"？您的著作《当代中国政府过程》对中国政府活动的行为、运转、程序以及各构成要素进行了实证性的分析和阐述。请问您是如何开展这项研究的呢？

朱光磊：事实上，在从事相关领域的研究之前，我对中国政府的内部结构与运作是有少许了解的。我初中"毕业"后被分配到天津市物资局技校（隶属于市物资管理局）上学，但因为学校领导看我能做点儿事儿，我就"脱学"开始"打杂"，做了不少行政工作。物资局是计划经济年代的产物，主要负责生产资料的管理。与上级主管部门频频打交道的过程，使我小小年纪就对体制内运转、政府运作有了初步了解。其实，初中时，我就在当时的天津市级学生组织担任了一些职务。上大学后，担任首任校研究生会主席、市研究生会主席、全国学联研究生部副部长。这些社会经历使我有机会接触到某些人和事，在人丛中近距离地观察了官方的内部结构与运作，丰富了我对于政治生活的理解，也锻炼了我的工作能力。举个例子，1986年我作为中国青年学生代表团成员访问日本。第一次踏出国门的经历让我更加真切地认识到当时我们的经济发展水平同周边发达国家还有很大差距。通过这些经历，我慢慢懂得，经济是其他一切工作的基础，国家要坚持以经济建设为中心；治理好一个国家，永远是"七分经济，三分政治"，不然路就走不稳。政治学比经济学简单得多，比哲学、史学要稚嫩一些。我也很早就明确认识到中国只能走社会主义道路，中国共产党的领导是中国政治的基础，党政关系是中国最基本的政治关系，中国的一切政治关系都是党政关系的展开和具体化。

这里我想插播一条花絮，这个故事我极少向他人提起。在全国学联工作期间，我结识了日后在政治学界的一生的挚友——北京大学王浦劬教授。浦劬老师和我一样，时任全国学联研究生部副部长，我们的友谊从那时就开始了。当时在全国学联的很多老朋友，或是进入政界，或是进入商界，但我们两人一直从事学术研究，从二十多岁到年过六旬，我们一直相互支持，共同致力于推动中国政治学行政学高等教育事业的发展。

关于政府过程研究的具体内容，《当代中国政府过程》一书中有比较详细的介绍，我就不再赘述了。简单概括来说，过程研究是对于传统的体制研究、要素分析和法理说明的重要补充和丰富。我的主要贡献在于，将政府过程学说引入中国的政治学研究，并结合中国的情况作了重大修正。我们既要如实地承认在这方面是受了西方的某些启发，但又不能也无法完全照搬国外研究政府过程的方法和模式。中国的政府过程有着自己鲜明的特色，相应的，关于中国政府过程的理论也会有自己的特殊性。因此，在基本方法论上，除了充分吸收西方学者的研究成果，我也坚持从中国的实际政情出发，将历史唯物主义作为分析问题的指导方法。

政治学人：政府职能转变是一个涉及政治、经济、社会、文化、生态等各领域的综合性复杂问题。目前，理论界和实务界对于政府职能转变的理解存在不够准确的问题，应当如何从理论上准确地把握其概念？

朱光磊：我对政府问题的观察、思考和研究，都是以政府职能为基础和逻辑起点的。在 20 世纪 90 年代我曾经提出，"政府职能转变是中国经济体制改革和政治体制改革的'结合部'，是调整政企关系、建立现代企业制度、行政体制改革、机构改革、发展第三部门等多项改革的重要内容或重要基础"。从学科专业建设上看，它又是政治学和行政学共同的"结合部"。政治学和行政学之所以不可能被拆分开，很大程度上是因为政府将它们紧紧地联结在一起。因此我认为，对于政府职能问题的研究，无论是理论界还是实务界，都应当高度重视，在当前的基础上更加重视。

正如上面所说，现在对政府职能转变的理解确实还不是十分到位。我认为，这是因为对相关问题的思考不够深入，也不够细化。一方面，在强调"转变政府职能"的时候，还存在许多模糊的地方，对转变的细节，比如各个政府部门应该如何具体分工，五级政府之间在职能配置方面如何分工等问题的认识还远谈不上清晰。另一方面，对政府职能的界说比较乱，对有关问题缺乏必要的梳理。最典型的现象就是把有关国家机器的一切活动都解释为政府职能。对于上述问题，我提出了政府职能的"两层次说"，即政府职能包括政府的功能和政府的职责两方面。政府的功能，即对重要社会关系的处理，如公平与效率之间的关系，发展与稳定之间的关系，基本不存在转变职能的问题；所谓转变政府职能，重点是调整政府职责，集中于政府在内政、外交、社会保障、教育、科学、文化、环境保护等诸多方面做什么、由谁做、怎么做等问题上。

政治学人：职责同构，是您从事政府职责体系研究的逻辑起点，您撰写的《"职责同构"批判》一文曾引起学界的广泛关注。站在新的时代背景下，您能否再回顾与梳理一下"职责同构"的提出背景、核心内容以及认知历程？这样一种基于中国本土实践的、高度凝练的原创性概念，您是如何关注到并提炼出来的？

朱光磊："职责同构"是一项解释性研究。我的研究工作有不少是解释性的，实际上是在讲中国故事。这个问题的复杂性在于，我们在历史上对此缺乏足够的积累。传统的学术观点认为，中国的职责配置，只是中央的权力比较大。但实际上，中国总体上是"职责同构"，西方基本上是"职责异构"。

在1995年赴美做访问学者期间，我首次发现了这个问题。当时的一位朋友，物理学的洪姓博士生（具体名字不记得了），主动带我去当地"市政府"办理社会保险号。到达办理地点后，我发现并不是市政府，而是与市政府毗邻的一栋楼（或者是同一栋楼的不同楼层），门口写的是"联邦大厦"（Federal Building）。出于专业上的敏感，我捕捉到了这个信息，即办理社会保险号的部门是联邦政府在哥伦布市的办事处。随后，我在向美国人了解州如何领导县、县如何领导市的过程中，逐渐意识到美国政府纵向间不存在领导与被领导关系，而是各负其责。虽然不能简单认为，上一层次政府对下一层次的政府没有影响，但不同层次政府的职责确实是不同的。因此，在 1997 年出版的《当代中国政府过程》一书中，我就提出了与之相关的一些想法。1999 年在约克大学做访问学者时，我进一步深化了对这个问题的认识。几年后，我和当时的博士生也是现在的同事志红老师一起正式提炼概括出了"职责同构"的概念。

这个解释性的概念，对于准确理解中国乃至西方国家的政府职责纵向间配置各自的规律性，进而逐步构建中国特色的政府职责体系，能够起到重要的作用，同时，对我和团队此后的相关学术研究，诸如公共服务均等化和纵向分工问题、行政区划改革中的若干深层次难点重点问题等的研究，也会有一定的帮助。而且我也很高兴地看到若干中央部委在一些文件中已经吸收甚至使用了这个概念或想法。

政治学人：政府职责体系的构建是个复杂的过程。您在之前的一篇文章中指出，职责同构是起点，但职责异构不是目标。这一解释对于构建中国特色政府职责体系的工作有何意义呢？

朱光磊：谢谢你们对这方面研究工作的关注！"职责异构"与"职责同构"不是简单的一对一的替代关系，打破"职责同构"也并不意味着要构建"职责异构"的政府间关系。我的总体看法是：一方面，不宜再继续坚持完全的"职责同构"。如果五级政府继续都履行同样的职责，既是一种浪费，也是不可持续的。理想的状态应当是"有分有合"。另一方面，西方国家的"职责异构"，即各管一段，并不符合中国的传统政治文化和现实情况。我目前的大体思路是，有必要在做好政府权责清单相关工作的基础上，对五级政府的职责进行"归堆"。提出"职责序构"的概念，便是这方面的初步尝试，但这仅仅是开始，需要进一步完善。近期，我们开始着力研究"共同事权"问题和对地方政府经济发展职能的具体表述问题，就有这方面的考虑。做些工作，或许能够成为优化政府职责的一条路径。

所谓"归堆"，就是在相邻的纵向政府层级上，可以多安排些共同事权。例如，中央政府和省政府在很多职责上是相同的。同样的，省和市、市和县的职责都可以有所重叠。但如果是非相邻的、层级相差较多的纵向政府层级，就没必要再强调都继续履行共同的职责。概言之，并不是所有事项都需要上下对口，才有利于维护国家稳定。从纵向间政府职责来看，由于我们的省比较大，中央政府和省政府的职责可以多一些对口和重叠。但是，省级以下的政府，应当妥善处理好自己职责范围内的问题，避免"上下一般粗"的问题。

关于这个问题，我还提出过一个"牛猪羊鸡"理论。在过去，中央是牛猪羊鸡全部都是自己养。如果忙不过来，会把羊、鸡等小的牲畜分给下面。西方国家则是各养各的。在当前有一种思路，是希望把大小牲畜的头留给中央拿着，身子分到省里，尾部分给市县。这样就破坏了一些事权的完整性。我认为，可以采取第四种方法：中央和省一起养牛，省和市一起养猪，市和县一起养羊，县和乡镇一起养鸡，交错重叠，既有上下衔接，又各负其责，可能会好些。

另外，我们应当如何理解地方政府的经济职能呢？一是，地方政府的经济职能相当复杂，不可一概而论，需要从省、市、县、乡镇等多层级来考量和明确。二是，完全取消地方政府的经济发展职能是不现实的。它在各项政府职责中的排序依然靠前。三是，如果继续使用"经济调节"来概括，则很容易同中央政府的经济发展职责混淆，没有说服力。如何对它进行科学的表述，是很重要的问题，值得我们好好调查研究。

同样值得注意的是，近年来，"优化政府职责体系"工作得到了科学部署和积极推进。这是党中央在科学总结历次行政体制改革经验和30多年持续推动政府职能转变的基础上提出的一个重大战略规划，是央地关系调整认识史上的重要里程碑。这对于把国家治理水平提高到新的历史阶段乃至对于整体经济社会发展，都具有深远的意义。这已经成为近年来我们团队研究工作的一个重点。

政治学人：您的团队长期重视对中观问题的研究，您也一直将政府职责体系、服务型政府建设、机构编制规模、阶层分化与重组等中观领域问题作为研究对象。请问您的这一研究特色是如何形成的？您为什么如此强调对中观问题的研究？它对您的学术研究又产生了哪些影响？

朱光磊：对宏大问题和细节问题的研究都是重要的。我对中观问题的重视，除了"学术性格"的因素之外，很重要的是基于对"比例"问题的认知。多年来，我们习惯于围绕大问题来写作。比如，《中共中央关于全面深化改革若干重大问题的决定》出台之后，关于"治理"的论文和文章便呈井喷式增长，应当说现在"治理"一词用得有点儿滥了。近年来，则有了政治学与行政学研究如果不是非常细节化似乎就不够"科学"的舆论。我们团队非常重视调研和使用统计资料，但是，凡事都有个限度，有个比例关系问题。如果走向极端的烦琐主义，也未必是适宜的。需要说明的是，我是非常支持定量研究的。南开大学于1994年就开设了计量政治课程，1999年又从化学学院请了精通定量方法的李瑛博士来主持政治学计量研究方法的课程。总的来说，我认为无论采取什么方法，都应保证研究工作能够真实地再现中国政府的实际过程，保证能正确地认识中国政府运作、发展的规律性。

我对中观问题的研究主要基于以下思路：要对重大问题做具体研究；要把具体问题放在大的背景下研究。从这两边往中间"挤"，便是中观问题。我的研究课题，大多是在这个层面上的。举个例子，我主张要关注"社会基本面"（这是典型的宏观问题），但我不会研究整个基本面，而是涉猎了其中的某几个方面，诸如阶层结构、产业结构调整、收入分配、政府职能转变等。另一方面，对于一些具体问题，例如机构与编制问题、公务员规模问题、权责清单问题等，我则是在立足于大的背景展开研究，使研究工作尽可能有一定的高度和广度。在上述思路的指导下，20世纪90年代以来南开团队始终没有缺席对中国重大问题的研究，能够做到既不空泛，也不琐碎，比较深入、具体地开展相关研究工作。但是，我们从不炒作，规规矩矩地学习，老老实实地工作，做到了冷门不"冷"，但是一直也不够"热"，基本"恒温"。

政治学人：通过对近年来"政治学人"平台的推文的分析，我们对中国政治研究普遍有两点感受：一是为了规避风险，便于进入场域，研究对象趋近于基层；二是受政治科学影响，研究视角愈发微观，方法逐渐规范。然而，这些变化客观上也加剧了学科研究的碎片化趋势，对一些传统的重要研究议题（诸如"一国两制"研究、两会研究、政府官员规模、中小国家政府与政治等）的关注度不足。现在，学科边界日益模糊。事实上，这些"大政治学"研究与时代任务的联系是更加紧密的。您如何看待此类现象？对于未来的中国政治研究您有哪些期许与建议吗？

朱光磊：我赞同你们的这两点观察和判断，这些问题确实是存在的。不过，学科间的边界日益模糊，属于正常现象。在研究实际问题时，边界就从来没有清晰过。我不赞成深化所谓"交叉"，关键是怎么交叉。在中国大陆以外的其他国家和地区，政治学和行政学一直都是一个学科。我认为，搞一个管理学门类，把公共管理弄得过于庞杂，是不利于学科发展的，也不符合事物发展的客观规律。希望能够尽早将行政管理调整回政治学。另一方面，在学科边界日渐模糊的过程中，政治学和公共管理之间应当相互借鉴。管理学，有活力；政治学，有积淀。政治学要向公共管理学习研究方法和研究具体问题的能力，不断开发新的研究领域；公共管理应当有更宏大的视野，研究"大"一些的课题，产出一批中观层次的理论。

关于期许和建议，我简单提两点。首先，建议加强比较政治和比较行政的研究，加强对一些中等国家和地区政治运行状况、行政管理情况的深入了解和分析。我在 1995 年到美国做访问学者时，使用的办公室的原主人的研究方向居然是尼泊尔（以及印度锡金邦、不丹）政治。隔壁老师的研究方向是俄罗斯政治，对门老师的研究方向是印尼（后又延展至缅甸）政治。我所在的俄亥俄州立大学附近的俄亥俄大学，长于马来西亚政治研究。这些都给我留下了深刻的印象。中国现在的发展已经达到了一个新的高度。作为大国政治学，作为新时代政治学，各高校应该拿出一部分精力和资源，分别加强对一部分中小国家和地区的研究。

另外，我们现在关于香港、台湾的研究，总体上游离于政治学之外，已经成为一个独立的领域，不利于对上述研究的深入。事实上，因为涉及国家统一问题，这些本应属于政治学研究。对中国作为一个具有某些复合制特征的单一制国家的国家结构形式的研究，在今后相当长的一个阶段，都将是政治学研究的重要课题。这些课题，之所以被政治学界所"忽视"，主要不是出于所谓的敏感，而是因为政治学的规模太小。人少，嘴巴就少，力量就不够。另一方面，受传统思维方式和国外研究范式的影响，政治学界当前的研究要么偏大，要么偏窄，对于此类中观问题（也可以叫"准宏观问题"）关注不够。最后，政治学和行政学的分离，人为地将相关问题淡化和忽视了。诸如此类的问题，应当引起大家的注意。

政治学人：您在担任南开大学副校长期间分管本科教学工作，您本人更是在 2003 年就荣获全国首届高校教学名师奖。在您看来，高校应当如何处理好教学与科研的关系？在繁重的科研考核压力下，高校教师又应当如何平衡好二者之间的关系？可以结合您自身的经验谈一谈吗？

朱光磊：我的身份已经转换，现在从教师的角度谈几点不成熟的想法。在研究型大学，教学和科研关系是一个永恒的矛盾，不存在一劳永逸的解决办法。二者之间，只能是处于不平衡、调整、再平衡的过程之中。而在教学型大学，教学肯定是最重要的，因此处理好这对关系，相对比较容易。但是，在研究型大学，教师必然要把相当一部分精力放在科研上——学校对教师的科研要求很高，政府和社会对教师的科研期望值也很高，教师的科研压力很大。有一位老前辈总结道：不讲课不是大学老师，不搞科研很难成为好的大学老师。这个表述是合理的。

在这种排位问题上，实际上很难分出一二。龚克校长提出的"教学优先"，我认为是比较现实合理的表述。概言之，校院领导班子在作决策、配置资源时，在诸多工作中，一定要切实把教学工作，特别是本科教学，放在优先受到保障的地位。如果非要强调"教学第一"，在操作层面往往很难具体实现，不符合实际情况；如果要讲第一，那么应当综合强调立德树人是大学的首要职责。

教学与科研并不是对立关系。就我个人而言，尽管科研和管理任务比较繁重，但一直高度重视教学工作，到学校工作前课时量也相当大，曾获宝钢全国优秀教师奖，两次获得全国高校"教学名师奖"（2003 年和 2020 年）等，我所在的教学团队是国家级优秀教学团队。教学工作既是系统化地回顾、巩固已有知识的过程，同样可以在师生交流中激发灵感。在繁体字版的《中国政府与政治》一书中，我将 20 世纪 80 年代以来的信息传输方式概括为"五位一体"的统合型信息传输模式，就是受到了一位本科生的启发。遗憾的是，目前有一部分教师对教学的重视程度还远远不够，精力投入不够，教学效果偏差。有些教授已多年不给本科生上课，有些青年教师备课讲课不够认真，随意并课、减课时。这是我们必须面对的事实，但这些都是不应该的。高校应当在教学管理和激励手段方面进行探索，向教师明确地发出必须切实提升教学水平的信号。

政治学人：您自 1987 年留校任教，从事学术研究已有三十余年，积累了丰富的工作经验。作为前辈，您对青年学人有什么建议吗？

朱光磊：首先，青年学人一定要勤奋。当你们到达一定的层次之后会发现，周围的人都很聪明。想要冒尖，只能思路对头，多投入。熬夜可以偶尔为之，但切记不要常熬夜，熬夜对身体的影响很大，不利于长期持续。

其次，青年学人一定要多思多写，要善于在写作中学习。不要害怕论文不成熟，想清楚了，思路清楚了，文章基本成型了，就可以尝试投稿，然后再逐步完善。

另外，希望青年学人更多关注中国发展的"社会基本面"。中国的政治发展道路，主要是由其社会基本面决定的。我对新时代中国特色社会主义民主与法治进程充满信心，对于转变政府职能、地方政府创新和阶层格局变迁等议题充满兴趣。

最后一点是我着重强调的，也是在青年学人中非常突出的一个问题。当前从事政治学、行政学研究的青年学者，都有博士学位。一定要解决好"博士＋"的问题。很多人在博士毕业后的前两年发展比较好，因为这一阶段可以享受博士期间的福利（主要指在博士学位论文基础上的延伸研究和成果发表）。一旦这些成果消耗完，不少人后劲不足。想要解决好这个问题，一定要强制自己尽早申请课题。也就是说，既要保持同导师的密切联系，长期合作，又要开辟自己独立的工作领域。这样才能顺利度过"博士＋"的阶段，成为真正的学者。此外，还要妥善处理好以婚恋、子女培养为中心的生活与业务发展的关系问题，既要"望子成龙"，更要"望己成龙"——你们已经是最现实的生产力，国家需要你们的作为！希望政治学、行政学界的年轻博士们能够以专业水准的睿智妥善地处理好这些关系，以推动自己的事业和生活朝向更好、更高的水平发展。

采访编辑：王智睿、欧阳星、卢春玲、申程仁
采访时间：2022 年 10 月 24 日

中国现代政治学的发端

——对话金安平教授

编者按 中国现代政治学发轫于京师大学堂，但政治学学科发展离不开众多高校的共同努力，尤其是一些老牌政治学院系的建设。回顾和反思中国现代政治学的发端，对于繁荣和推进中国政治学的学术事业具有重要意义。本篇访谈"政治学人"平台对话北京大学政府管理学院金安平教授，希望通过政治学的专业视角进入中国现代政治学的发端与拓展的历史，以此进一步思考政治学的未来与发展。

本期学者 金安平，北京大学政府管理学院教授，博士生导师，曾任北京大学政党研究中心主任，《中国政治学年鉴》主编。研究兴趣涵盖中国近现代政治发展、比较政党与政党制度、政治学学科与学术发展史。著有《从批判的武器到武器的批判——二十世纪上半期的中国知识分子与政党政治》《中国现代政治学的发端与拓展：北京大学政治学（1899—1929）》等。

政治学人： 金老师您好，非常感谢您接受"政治学人"平台的专访！您的主要研究领域有比较政党、中国政治与中国政治学学科史，您能简要谈谈政治学学科史具体研究什么内容吗？您为什么会选择研究中国政治学学科史？

金安平：虽然不知道从何而来，我们也能走向远方，但是清楚地知道历史和过去的路，我们迈向未来的步伐就会更加清晰和坚定。我觉得每门学科都应该有自己的学科史研究即知道"从哪里来"的问题。政治学作为一门非常重要且比较早就落地中国的现代学科，如果没有学科史研究作为基础的话，我们今天很多研究可能都有点"虚"和"飘"。今天我们所讨论的那些包括民主、国家、革命、权威、集权和分权甚至治理等很多概念或者话题，100多年前的中国政治学者都讨论过了。可以说，很长时间里我们提出的基本的概念、理论、方法或者新的议题并不是特别多，很多是根据时代的发展对一些老问题的重新审视和一些具体问题的解释。所以我很好奇，我们现在的学术议题、做的研究，哪些是前人做过的，哪些是前人没做过的？100多年前近代政治学者就已经提出和讨论的那些概念和话题在今天到底得到了哪些推进？中国政治学成体系、成规模的学术新贡献，在什么条件下可以出现？在这里应该致敬老一辈的中国政治学者，100多年前，在中国整个社会科学水平和国人的知识文化水平都非常低的情况下，他们就已经开始讨论和研究那些至今还在讨论的话题。如果我们今天对这些话题没有更多新的贡献，应该感到惭愧。

另外，北大政治学是现代政治学在中国最早的落脚地和中国现代政治学的发源地之一，作为在北大政治学系从事政治学研究和教学工作的老师，我觉得有责任把北大的政治学同时也是中国现代政治学的发展脉络梳理清楚。当然，我个人也很喜欢进行这种追根溯源的历史研究。

政治学人：政治学作为一门独立的现代学科是近代中国从西方引进的舶来品，在您看来，当时中国知识界与政治界是如何认识和处理政治学的"中学"与"西学"的关系？这对于今天政治学学者讨论中国政治学学科发展的西方化与本土化有哪些启发和借鉴？

金安平：包括梁启超在内的许多学人都认为，在近现代政治学科在中国出现之前，中国是有政治学的，比如中国有专门研究政治统治术的，还有被称为"政学"的。但有意思的是，现代学科意义上的政治学在中国出现以后，基本上一下子就把现代政治学的范式和中国传统的统治术区分开了。作为舶来品，中国现代政治学开始是按照西方的政治学范式设立的，我国最早的一批政治学学者基本是留学回来的，比如到1929年时，北大政治学的教师队伍中，除了一名是京师大学堂——北京大学自己培养的，其他都是留学回来的。他们按照对于中国人而言还陌生的西方现代政治学的框架，包括课程设置、学系管理和现代大学理念，建立了现代意义上的中国政治学学科，这一步是个捷径也是不能省略的"拿来主义"的学习和借鉴。当然，我们也看到了他们结合中国现实解决中国问题的本土化努力。北大政治学系教授陈启修在1929年写的政治学著作就叫《新政治学》，能看出当时的政治学学者在尝试运用马克思主义的分析框架包括阶级分析方法来研究政治和中国问题。当时北大的政治学课程设置中，很早就有"市政学"和"市政管理"的课程。为什么如此强调市政呢？这与当时中国现代化的节奏有关。民国时期，一些官员和学者也提出了现代化的建设计划。他们认为，现代化的重要指标就是城市化，城市化了就要加强市政管理。1919年前后，朱启钤在北京曾经推进现代市政建设，要改造以封建帝制为核心的旧城，建立现代化的城市，北京旧城里出现了一批现代的社区和现代化的城市设施。可以说北大的市政管理课程正当时。值得注意的是，西方国家的市政侧重于管理，为市民提供更好的服务，而在当时中国，市政建设却还有着构建现代国家的意涵。北京大学政治学系的实践课中，参观北京市的市政管理的安排很多。又比如在当时的国际关系、外交学课程体系中，开设了有关帝国主义殖民政策、中国通商史、中国的不平等条约等课程，这也和当时中国收回主权运动有关。因此，当时北京大学的政治学专业，虽然是有西方色彩的，但其研究和教学表现了对当时中国的现实问题观照，体现了政治学研究的本土化努力。通过从京师大学堂的进士馆、仕学馆到早期北大政治学系学生的毕业去向和职业生涯的研究可以发现，除了出国继续深造和到中央政府就职外，其他大部分毕业生是到基层从事教育或行政管理工作，比如县一级就很多。如果当时学校开设的都是一些比较西化的理论课程，没有一些本土化的有关中国现实的知识和技能的课程学习，他们到地方上是很难开展工作的。

政治学人：中国现代政治学的发端与创立正值当时救亡图存的国家与民族危急时刻，在您看来，这种社会背景对于政治学学科的创始产生了什么影响？中国现代政治学又是如何折射出当时中国近代社会转型背景的？

金安平：中国现代政治学发轫于京师大学堂。京师大学堂本身就是在救亡图存的大背景下创立的。救亡图存，需要维新；维新就要有人才，培养人才就得办学校。即便是维新运动失败了，救亡图存、培养人才的任务还在，所以京师大学堂的得以保留实际上是当时维新派、守旧派对于培养新政人才所达成的一个共识。这个大背景对于中国现代政治学的创始产生了重要影响，京师大学堂刚设立的时候，在几乎还没有按照现代大学进行系统的专业分科培养的条件时，先设立了培养新政人才的速成教学单位即仕学院。这时对新政人才的理解和洋务运动的时候已经明显有所不同，除了洋务所需的技术人才之外，要重点培养的是政治和行政的现代管理型人才，这才有了一开始的仕学院的建立，而仕学院的政治专门讲堂，正是政治学学科的渊源。可以说，政治学学科从创立开始就和当时的维新、新政的背景紧密相关。

关于现代政治学是如何折射出中国近代社会转型背景的问题，我主要是从当时政治学的课程设置方面来探讨的。当时政治学课程的内容表现出了近代中国政治社会的一种强烈的需求，也反映了当时对现代社会转型的一种理解和认识，比如当时进行宪制改革，就设置了有关宪制方面的课程；现代政治要否定帝制、实行法制，就在政治学学科中设置了大量的法学课程，用今天的话来说政治学需要解决如何依法治国的问题。因此早期的政治学基本上是政、法不分，是合在一起的。政治学学科刚开始属法政科，后来法政科改叫政法科，最后叫法科，一直在法政之间纠缠。查北大课程表可以得知，当时政治学的课程设置有一半是法学类的课，政治学系和法律学系有一半的课是相同的。到了 20 世纪 20 年代末，随着对废除不平等条约的呼吁和建立新的外交关系的要求，政治学课程设置中明显加大了相应的内容。总之，在符合政治学学科发展规律下，政治学的课程设置和添加是与当时中国的政治进程紧密相关的。

政治学人：近现代中国，知识分子群体在启蒙民智、救亡图存中发挥着重要的开拓与引领作用。您认为，知识分子在中国现代政治学的发端与拓展过程中扮演着什么样的角色？在当时的国家社会历史环境下，他们是如何将政治学与救亡图存的时代背景联系起来的？

金安平：早期的政治学人经历了中国政治发展的几个重要节点，比如清朝灭亡与中华民国建立、北伐战争与军阀的统治、南京政府的建立、日本帝国主义的入侵、国民党统治走向专制腐败等。在这种特殊的时代背景下，主要出现了两种类型的政治学人：第一种是政治参与型的，即积极参与时政事务。他们的参与方式也可以分为两类。第一，直接到政府就职，出谋划策来影响政策；第二是占据多数的，就是办杂志报纸，在报刊上发表大量的有关时政的文章或批评或建议。虽然当时很多文人都发表文章，但政治学人因为接受过专业训练，所以他们的时政文章会更为深刻，更具学术性和预见性。第二种是完全学术型的，他们比较少参与时政事务，更多的是埋头专注于学术研究，即所谓学术救国。总的来看，中国政治学界的"老学究"比较少，大部分人都属于积极参与型的。当然，还有一点很重要的是，政治学人对政治的关切、对国家事务的参与和他们的学术研究有时候是不好区分的。因为政治学很大部分是研究当代的政治社会问题的，很多问题比如地方行政、税制、社会治理等都需要与实际相结合、通过调研来开展研究的。我们常常分不清哪些是从政的热情使然，哪些是专业使然。我觉得这个问题在今天可能也会存在。

政治学人：您最近出版了新作《中国现代政治学的发端与拓展：北京大学政治学（1899—1929）》（以下简称《发端与拓展》），您能简要梳理一下中国现代政治学的发端与演进过程吗？

金安平：北大政治学是整个中国现代政治学最早的发源地和落地之处，我们的研究对象主要是北大政治学学科史，并且这本书也主要集中在发端和拓展期。虽然目前还没有研究到整个中国的政治学发展过程，但可以以小见大，从北大政治学发展历程来窥探中国现代政治学的发端和演进过程。北大政治学的120年，大体可以分为5个阶段：第一个阶段即刚提及的这本书的时限，从1899到1929年的发端与拓展期。这30年，北大政治学在课程设置、学科建设、人才培养以及学术成果方面，对中国现代政治学作出了重要的开拓性贡献。到20世纪20年代末，全国有20多所大学设立了政治学专业或者政治学系，形成了中国现代政治学的新版图。第二阶段是

1929 到 1949 年的 20 年。这个阶段是一个极为复杂的阶段，既是中国国家建构和国家建设的一个新的时期，又是充满分歧和不确定的时期。北大政治学人和其他中国政治学人一样，既想为国家的现代发展贡献政治智慧和政治知识，但又处在国家有着不同发展方向的政治选择中，学术与政治交织在一起，是对政治学学科和学人的考验。第三个阶段是新中国成立后到改革开放前。新中国的成立和马克思主义成为国家的指导思想和意识形态，给中国政治学带来了新的观察政治的方法和角度以及为新的国家建设和发展提供理论和方案的机会。众所周知，1952 年，这个学科一度被取消。但政治学学科所涉及的基本内容并没有完全消失，比如在北大，就分散在中国革命史教研室、法律系、哲学系等。这中间，还出现了 20 世纪 60年代北大政治学系的短暂重建和国际政治系的建立。第四个阶段是从 20 世纪 80 年代中国政治学的恢复重建到 21 世纪初，政治学再一次获得了相对独立的学科建制，北京大学捷足先登，率先恢复重建。在 21 世纪到来时，全国已经有多所大学建立了政治学专业或者政治学系，而且发展迅猛，形成了新的研究领域和研究高地。第五个阶段是从 21 世纪开始。这一阶段北大政治学和全国政治学一样，进入新的发展时期，规模得到了空前的扩大。

政治学人：您在新作《发端与拓展》中引用了大量的历史档案材料，通过细密的考证与分析，全景式地描述和论证了中国现代政治学的诞生缘由与初生样态。您能简要谈谈研究学科史的方法吗？这种精于史料考证的研究方法对于政治学研究有何启示？

金安平：我认为，目前来说政治学学科史研究还没有专门的或固定的研究范式和方法。首先就是要掌握大量一手材料。虽然做研究都要看资料，但是根据研究的东西不同，看资料的重点是不一样的。研究历史人物就主要看回忆录和日记，要研究学科史就得看课程、课表、老师的讲义、学生的论文或作业、教授会和学术评议会的记录等这一类的材料。比如，我们在《发端与拓展》一书中重点研究了当时北大政治学是什么人在教学、教的是哪些内容，学生学到了什么和以后能做什么等方面内容，用这些来衡量当时的政治学本科教育的培养目标是否达到，以及当时在学术上达到了什么样的水平。

其次，要把学科史、学术史、学系史结合起来，建立一个三位一体的综合视角。近代学术和近代教育是以近代意义上的大学为重要依托和基地的，而大学又是以学科和学系的建立与形成为基础和核心的，它们互为影响因素。一个学科要想成为一门真正的学科，一定要依靠大学教育尤其是本科教育，学科的划分与大学的分科教育是紧密相连和互相成就的。

另外，学科史研究中要求的史料掌握和考证，对政治学研究来说也是十分重要的。我们常常会看到一些研究和讨论不是建立在历史材料真实的基础上，甚至是在虚假的信息或不真实的资料上的推理、讨论、论证。政治学需要逻辑思维和理论思考，但如果材料和假设前提就是错的，即便你的逻辑推理过程再复杂，分析得再玄妙，结论也可能是荒谬的。但我们现在搞政治学的人很多都特别忙，没有工夫去阅读历史材料、仔细考证材料，有的人在最便利的互联网、自媒体上获取到一些有趣的说法或者材料，就据此分析论证，也不管材料是不是真实的，"以讹传讹"的事很多，更大的问题是会带来误导。

政治学人：您对中国现代政治学学科、学术、学系的产生作了详细的考证，尤其侧重对学系建制的研究。您认为今天中国政治学的学科建制与发展和过往相比，都有哪些传承、断裂与创新？今天的高校可以从以前的学科、学术与学系建制中汲取哪些有益的养分？对于我们今天建设一流政治学科有哪些启发？

金安平：我们不能认为因为行政干预使得政治学学科建制停滞了一段时间，就等于政治学的完全断裂，建制是断裂了，但学术没有完全停止。比如当时在北大虽然取消了学科建制，但是政治学所涉及的基本内容和老师分流到当时的法律系、哲学系和经济学系等。在建制取消期间，在包括外交学、国际共产主义运动和民族解放等政治学分支的研究上还是有一些成果的。但是，学科的建制和学科的设置确实非常重要，它讲究延续性。如果在大学的学系取消一个学科建制，其实是对这个学科的毁灭性打击。我们仔细研究了20世纪30年代以前北大政治学学科的课程设置和专业方向，虽然那时没有现在所谓一级学科、二级学科的概念和区分，但那时政治学系（一般的系是一级学科为基础的）的设置，是把政治学作为一个类似于我们今天的一级学科来对待的，其所下设的学术方向和今天的二级学科的主体研究方向也非常相似，对具体现实问题研究的重视和关怀，通常是以增加课程来表现。所以可以看到，政治学学科有自身的发展规律，无论具体内容和知识有什么变化，但是学科本身是有标准和规律的。

至于吸取有益的养分和启发，我觉得最重要的是要按照政治学学科的发展规律和发展方向来建设学科，尤其是要认识学术议题与学科建制的关系。学科建设是百年大计，哪些是学科层级的问题，哪些是学术研究课题，这些需要根据学科发展的规律来界定。

政治学人：近年来，政治学者围绕"中国政治学向何处去"这个重要议题展开了激烈的辩论。您能从中国现代政治学的发端与拓展的演进过程谈谈当今的中国政治学向何处去的问题吗？

金安平：这个问题我觉得我无法说清楚。因为今天的政治学和早期政治学面临的环境是不太一样的。当然，政治学要为国家的现代政治进步、政治现代化服务的使命都是一样的。但要从历史中能完全推导出今天和明天，也是不太可能的。由于中国历史发展的复杂，今天的中国政治学的去向，还不能完全从中国政治学的历史走向中导出，有可能我们在某一个关节点面临选择时已经做出了和历史不一样的选择。

政治学人：您对政治学学科与学术发展史有深入的研究，对于政治学是什么、研究什么、怎样研究等问题会有独到的理解。对于初入政治学大门的年轻学子，您有什么学习政治学的建议吗？

金安平：据我所知，很多新入这个专业的学生是在完全不知道政治学学科发展史的情况下学政治学的，并且有意思的是，不知道这些似乎也可以做出很多研究成果，或者在某种意义上说，大家不知道这个学科的历史也可以学习和研究，学生也都能毕业或做出成果。即便如此，我认为这仍然是有欠缺的、不完美的，这种不知情的学习多少有点缺少厚度和底气。就像我一开始谈到的，在学习过程中我们会发现很多的话题不是新话题。很多学生在论文选题时想出来一个话题以为发现了"新大陆"，但实际上是老话题。学习学科史是必要的，这也就是我们常说的传承和创新的关系。所以，我很愿意开设一门学科史的课，让学生有历史感和使命感地学习政治学。

采访编辑：林 健

采访时间：2019 年 11 月 13 日

现代国家的建设与发展之路

——对话陈周旺教授

编者按 新中国成立以来，我国创造了世所罕见的经济快速发展和社会长期稳定的奇迹。改革开放以来，国家治理模式发生了重大变革。现如今，我国国家治理正处于走向现代化的关键时期，如何推动现代化进程行稳致远是当下中国发展面临的重大问题。在"两个大局"背景下，中国学者应如何结合本土特征诠释政治学，构建政治学学科话语体系？复旦大学陈周旺教授提出"国家发展"理论，试图立足中国实践，提供一个不同于国家建设的解释模式。本次访谈"政治学人"平台有幸邀请到陈周旺教授，带领我们一起探索现代化国家的发展之路，希望能为广大学人提供借鉴与启发。

本期学者 陈周旺，复旦大学国际关系与公共事务学院政治学系教授，博士生导师，上海市工人运动研究会主席、复旦大学基层社会与政权建设研究中心主任。主要研究方向为国家理论、阶级理论与基层政治，全国百篇优秀博士论文获得者。代表性著作包括《正义之善》、《社区中的国家》、《政治逻辑：当代中国社会主义政治学》（合著）、《工人政治》（合著），译有《论革命》、《城邦的世界》、《欧洲的抗争与民主》（合译），并在《政治学研究》《学术月刊》《文史哲》等学术刊物发表论文数十余篇，多篇论文被《新华文摘》《中国社会科学文摘》《人大复印资料》转载。所参与的"卓越为公：政治学一流专业育人模式的探索与实践"获得国家级教学成果二等奖、上海市教学成果特等奖。

政治学人：陈老师，您好！非常感谢您在百忙之中接受"政治学人"平台的专访。我们想先从您的个人经历开始访谈。您在求学期间，一心钻研政治思想史，最终以乌托邦思想为主题完成了博士论文《正义之善——论乌托邦的政治意义》，并入选全国百篇优秀博士论文。您为何会选择以乌托邦思想为主题，有什么渊源和故事吗？我们关注到近年来您发表了一篇文章《个体主义乌托邦的政治命运》，是什么契机让您时隔多年再次回到"乌托邦"，这篇文章是为了回应什么问题？

陈周旺：谢谢"政治学人"平台！政治思想是我求学阶段特别感兴趣的领域，本打算以汉娜·阿伦特为题做硕士论文，正当此时，我取得了硕博连读的机会，不得不开始准备博士论文。我不认为以某一个人物的政治思想为题做政治学博士论文，是一个合适的做法，于是我放弃了对阿伦特的研究，转而选择乌托邦思想为博士论文选题。

为什么选乌托邦思想呢？这源自我长期关注的国家理论。在我看来，政治学最重要的研究主题始终是国家。乌托邦是关于国家的政治思想的集中反映。研究乌托邦，首先要给乌托邦一个明确的定义。这个定义有两个功能——既可以界定乌托邦政治思想的对象范围，也可以作为论文的基本理论脉络。"正义＋善"就是这样一个关于乌托邦的定义。只有"正义"还不是乌托邦，"正义＋善"才是乌托邦。用善来引领正义的建构，可以视为理想政治建构的基本取向。迄今我仍然认为这是对乌托邦思想的最好表达，哪怕是跟国外同行相比。把这个问题想通透之后，论文的整个思路就非常明晰了，可以说是一气呵成。最终的题目是在导师林尚立教授的建议下确定的，他不推荐"正义与善"，认为太落俗套了。我还记得当时的情景：我们几乎一起从座位上跳起来，同时喊出"正义之善"！

毕业留校之后，我对政治思想的研究兴趣有所减退。政治思想研究的问题意识停留在对现代性的批判上，欠缺新意不说，而且越做越玄乎，我不认为这是政治思想研究本身的问题，而是我遇到了自己的限度。于是我决定走出自己的舒适区，向经验研究转型。大概有十年的时间，我一直在做城市基层政治的调研，关注村（居）委会等议题。我的大部分学术挚友，都是在这个过程中结识的，没有什么比这更令人快乐的了。当然我也不认为乌托邦跟基层经验毫无关系，往深处想，基层社会不就是乌托邦的原型嘛。

我们为什么要讲"正义之善"？因为正义关乎政治最大的善（阿伦特可能认为宽恕比正义更近乎政治）。我们从事理论工作的初心，就是希望构想一个心目中的理想社会，不公平、不正义的社会显然是不理想的。自由比较含糊，也容易成为教条，但正义是看得见的，正义还是不正义，都是摆在眼前、有目共睹的。乌托邦代表了我们最初的理论冲动。无论投入基层研究，还是后来倡导研究抗争，实际上都源于一种乌托邦冲动。转入基层，就是关注草根的生活，关注他们的际遇，帮他们发声。

最近几年，我对城市社区治理的研究兴趣锐减，但不代表我不再关注基层和田野。我觉得这是性格使然。有的学者很适合做实证研究，他们不仅喜欢也擅长跟人打交道，但这显然并非我的强项。时间一长，我还是想回到基本政治学理论问题上，对国家理论作一个全面的梳理。我长期讲授"政治学原理""马克思主义政治学著作选读"等课程，这期间也产生了很多有意思的想法。于是近年来我把学术重心放在重新建构政治学知识理论体系上。做纯理论研究，不用时刻想着如何跟人打交道，也不用去申请这个那个课题，完全是自主的，似乎达到了亚里士多德的最高境界——"沉思是最高的生活"。

写作《个体主义乌托邦的政治命运》，缘于博士论文当时留了一个"尾巴"。人们关于乌托邦的说法是非常笼统的，觉得只要是虚幻的，或者说不现实的东西，就统统可以称为乌托邦。其实这么多年来，我的研究并未受到乌托邦研究者的重视，中外学者对乌托邦的定义都没有什么改进，反而越来越倾向于将个人主义和自由主义当成乌托邦，这和我最初讲"正义之善"有很大偏差，所以我觉得有必要重申我对乌托邦的理解。我先是承认他们讲的可能也是一种乌托邦，但绝对不是我说的那种乌托邦，而是一种个体主义的乌托邦，也想趁这个机会，借乌托邦之名批判个体主义。

政治学人：马克思的批判击碎了市民社会个体解放的乌托邦幻想，他认为"人类解放只有通过无产阶级的解放才能实现，无产阶级只有解放全人类才能解放自己"。并进一步批判了以黑格尔为代表的将国家当作市民社会基础的唯心主义历史观，将国家的本质建立在历史唯物主义理论基础之上。在您看来，我们如何理解马克思的"国家"概念？马克思国家学说有何独特性，我们该如何理解其演进逻辑？

陈周旺：这是一个非常重要的问题。我参考其他国外学者的研究，将马克思的国家理论发展归结为三个阶段：

第一阶段，普鲁士阶段。代表性文献是《第六届莱茵省议会的辩论（第一篇论文）——关于新闻出版自由和公布省等级会议辩论情况的辩论》、《第六届莱茵省议会的辩论（第三篇论文）——关于林木盗窃法的辩论》（以下简称为《关于林木盗窃法的辩论》），同时也包括《论犹太人问题》和《德意志意识形态》。在这个阶段，马克思认为国家是意识形态存在物，或者说就是我们后来讲的上层建筑。《关于林木盗窃法的辩论》里面有一段关于森林的隐喻，在我看来是对培根偶像说的回应。我认为这是马克思对霍布斯国家学说的补充，因为霍布斯强调国家是通过社会契约构建的暴力机器，而马克思说国家还是一种幻象，只有把某种意识形态附着于其上，这个现代国家才是完整的。在这个阶段，马克思对国家的理解基本上是意识形态意义上的，带有浓厚的黑格尔主义色彩。

第二阶段，英国阶段。通过对英国史料的分析和研读，马克思认为国家是市民社会基础之上的国家，国家是资产阶级统治的工具。《共产党宣言》开宗明义：国家是资产阶级管理他们共同事务的一个委员会。马克思指出，英国的国家权力深受商业资产阶级利益的束缚，这是他们在外交事务这一国家自主性领域中进退失据的根源。国家工具论触及了一个根本观点——国家权力始终是受到制约的。作为资产阶级统治的工具，国家权力实质上是受到资产阶级市民社会制约的，换成今天的话来说，市民社会可以控制国家。

第三阶段，法国阶段。这一阶段的代表作是法兰西三部曲：《1848年至1850年的法兰西阶级斗争》《路易·波拿巴的雾月十八日》《法兰西内战》。在这里呈现出来的国家，其形象完全不同了，重点是国家权力的自主性。法国在波拿巴政权下的国家已经完全脱离市民社会，获得了独立性。它不仅获得了独立性，而且"反噬"市民社会，国家对市民社会进行全面统治。马克思还提到一个很重要的观点——国家机器是不可改良的。一切所谓的进步都不过是让国家机器变得更加完善而已，你如果想要改变它，就只能打碎它，这就是打碎国家机器思想的基础。但我们一定要清楚，马克思讲的是资产阶级社会的国家权力。

所以，这就成了我们重构国家理论的根由之一。今天我们再来讨论国家，这个国家不全是资产阶级社会的国家，不是那个不可改良的统治机器，因为还有无产阶级的国家政权。马克思在他的时代只找到一个雏形——巴黎公社。在马克思看来，巴黎公社跟现代国家完全不同，它是工人解放的政治形式。后来，无产阶级在两个大国建立了自己的政权，几乎不可能在这么大规模的国家建立类似巴黎公社那样的议行合一体制。因此，我们就需要重新思考国家，而这个思考中的一个立足点就是，无产阶级的国家是可以不断改良以造福于民的，它的改良就是我要讲的"国家发展"。

政治学人：提到国家理论研究，就不得不提查尔斯·蒂利，他研究了欧洲民族国家形成的动力机制以及政治后果，认为现代国家的形成是在战争驱动之下资本和强制集中化的结果，并奠定了"国家建设"理论的基本框架。蒂利的"国家建设"理论提出了哪些新观点，对于现代国家建设有何启发？而后来蒂利着重研究政治抗争，将抗争作为政治变迁尤其是民主建设的一个主要动力机制，我们如何理解这种转变？

陈周旺：我在研究生阶段知道查尔斯·蒂利，后来也一直致力于向中国读者引介他的作品。可以说，在我感觉亟须一些新的理论资源来研究国家的时候，蒂利适逢其时的出现，令我眼前一亮。当时，我们都知道《西欧民族国家的形成》（*The Formation of National States in Western Europe*），但是苦于找不到原书。后来林尚立教授去美国访问，我就拜托他找一下这本书。林老师回国的时候，交给我厚厚一包复印资料。我将它拆成两个部分装订，以便感兴趣的同事和学生可以轮换着读，后来这本书都快被翻烂了。大家事实上已经陆陆续续把这本书翻译出来，但蒂利拒绝给我们提供这本书的版权，当时他已经出版了几十本书，他认为我们应该翻译他最新的作品而不是最早的那本，后来据我了解，其实蒂利并不拥有《西欧民族国家的形成》的版权。蒂利并不食言，他爽快地授权自己的新著，当时上海人民出版社规划了一个名单，我勾选了一些，作为交换条件，我承诺接手翻译其中一本，就是《欧洲的抗争与民主（1650—2000）》。有了翻译汉娜·阿伦特《论革命》的经验，我深知我一个人独力难支，就找了李辉、熊易寒两位青年才俊一起合作。

蒂利受马克思的影响很大,对法兰西三部曲也无比熟悉。他对法国的研究是独树一帜的,由其博士论文演生而来的《旺代》一书极其出色,后来又有《法国人的抗争》这部代表作。为什么他后来转向去研究社会运动和政治抗争呢?我个人认为这与国家机器不可改良有关,当然我这个看法从未经蒂利本人证实。国家机器不可改良,也就是说国家不可能成为社会变迁或者说历史变迁的动力,它只会越来越精密。蒂利想从国家的对立面去找寻历史变迁的动力,这就是社会民众的政治抗争。《欧洲的抗争与民主(1650—2000)》一书,反复表达的就是这个意思,即民主是抗争缔造出来的,是人民通过自己不懈的抗争争取来的,而不是国家统治者构建出来的。战争缔造了国家,抗争缔造了民主。这两句话几乎就是蒂利思想的全部。其实蒂利的关注点始终没有转移,他最关心的一直是变迁,只是对于"变迁的动力是什么"这一问题,他的回答有所不同,一开始觉得是国家,后来认为是人民的抗争。我只能说马克思"迄今一切社会的历史都是阶级斗争的历史"这句话的影响太大了。

政治学人: 您前面谈到了"无产阶级的改良即国家发展"。我们也关注到您近期发表在《探索与争鸣》上的最新研究《国家发展:超越"国家建设"理论》提出了国家发展理论。为何要超越国家建设理论?国家发展理论和国家建设理论的本质区别是什么?

陈周旺: 我讲超越国家建设理论,并不是简单地否定之前的国家建设理论,实际上是希望能够立足中国实践,提供一个与国家建设理论不同的解释模式。这篇文章虽然很早就准备了,但是发表后才发现哈佛大学的王裕华教授也曾提过这个概念,否则我一定会引用的。这也间接证明了我们对这个概念的理解是有共通之处的。

基于西欧经验的国家建设理论存在一个比较大的问题,那就是该理论认为国家建设需要有一个现实的模板、蓝图，你只要按照这个模板去执行即可。目前最经典的国家建设模板包含三大制度：主权制度、市场制度和西方民主制度。这三大制度是逐渐发展而来的：先是一套主权制度，威斯特伐利亚公约意味着西方主权国家体系的建立；而后，通过全球扩张建立了市场制度，即通过国家权力去构建以西方为中心的全球市场体系，这套制度建立的背后是殖民帝国与殖民地的相互关系；最后是民主制度的确立。西方国家搞出这样一个模板，向二战后的新兴国家推广，整个过程正如马克思在《共产党宣言》中所描述的那样，西方按照自己的面貌塑造了一个世界。显然，完全按照西方国家建设的模板不可能实现超越。而且，如蔡美儿在《起火的世界》一书中描述的那样，西方国家将市场和民主同步输入非西方世界，这样做的后果只能是政治的失序，而非真正的民主化和发展。国家建设理论提供的是一套静态的"终极体制"，把各种发展路径给锁定了。我们需要的是动态的概念、持续的发展、自主的道路，这意味着不应该在理论上有太多预设和限定。基于此，我认为国家发展理论可以克服对国家建设的执着，强调面向未来的发展，关心的不是制度模板，而是发展动力。

前面提到无产阶级的国家可以改良，是国家发展理论的立足点之一。但是国家发展理论还有一个全球愿景，那就是尊重不同国家对自身发展道路的自主探索，并不主张无产阶级国家发展的道路唯一。这个理论难题可以通过重构国家的定义来纾解，这就是我为什么要讨论国家的治理意涵的缘由，后来演化出一个概念叫作"治理型国家"。无论如何，未来可能存在两种模式的竞争：一种是"国家发展"模式，这实际上与我们所说的基于相互尊重的人类命运共同体是对应的；另一种就是西方的"国家建设"模式，强调三大制度的体系化，背后实质是中心—边缘结构。

政治学人：在可改良的无产阶级国家，我们应该如何定位抗争政治呢？我们了解到老师在做基层研究的时候也着重关注抗争政治，可否和我们分享一些研究心得？

陈周旺： 我认为基层可以分为两个空间：邻里空间与生产空间。这两个空间都存在权力，权力即支配关系，有支配关系就可能出现不公平。我当时做基层调研，不可避免会接触到一些集体行动事件，思考如何将他们理论化，而查尔斯·蒂利的抗争研究提供了重要的理论资源。应该说，我算是国内比较早接触抗争理论的学者之一，但我更多是一位理论议题的倡导者，在这个领域我几乎没有什么作品问世。

其实原因也很简单。我很快就发现，抗争研究走进了"死胡同"。很多学者迷恋于建框架、做数据，忽视了现象本身。要明白我们之所以对集体行动感兴趣，是因为其中所接触到的对象是真实的、鲜活的，对已有的知识结构来说是一种突破。随着蒂利、麦克亚当等人的理论不断被翻译过来，抗争政治研究变得僵化、枯燥乏味。抗争周期、政治机会结构、"框架"这些概念被反复运用，抗争研究越来越无趣，我当机立断决定退出。我跟我的学生吴颖蕾合作发表了一篇文章《集体行动的去动员化》，以此告别抗争研究。这个时候我的研究兴趣已经转向了工人研究，这是原来基层政治研究的延续，不过已经从邻里空间转向了生产空间。工人研究当然也不可避免涉及正义、集体行动之类的话题，也为后来我对福利政治的关注埋下伏笔。对于工人研究我有得天独厚的优势，因为我出身于工人家庭，几十年来对工人的生活可谓耳闻目染，又事事难忘，属于天然的参与式观察。我讲的这个"工人"是纯粹意义的"工人"，不包括农民工等，所以我关注的对象，是那些已经下岗、消失在时代大潮中的群体，因而我属意的工人研究基本上算是一种历史研究，更多依赖于口述历史资料和档案文献。

政治学人：谈到工人，我们想向您请教，工人阶级在当今中国社会是否发生了变化？我们如何重新审视当今的工人政治？可否把工人阶级作为社会抗争的主体力量来开展研究？

陈周旺：在工人政治方面，我所研究的主要还是历史中的工人，他们作为一个群体已经不复存在了。随着那一批工人的退休，此前我们所关注的问题，比如下岗、再就业、争取待遇的诉求等，也都随风而逝。因此，我认为我所做的属于历史研究，而不是政策研究。

工人政治的问题意识其实不太好把握，还原为国家与工人二者的关系，目前还没有好的理论进展，不过也有一些发现。比如，工人在车间政治中所产生的内部矛盾，对于消解工人对地方政府政策的不满有一定影响。过去那套国有企业管理体制催生了许多工人群体内的矛盾。由于严格的科层化管理，导致工人、班组长、车间主任之间相互不信任。随着工厂解体，他们中很多人也还存有积怨，所以不可能再团结起来，为了同一个目标去争取待遇政策。

所以我认为成规模的集体行动一定是中产阶级运动，没有纯粹的底层运动，其实那些都是中产阶级搞事，因为所有成规模的集体行动都需要被框架（Framing）。只有经过框架，才能够产生广泛的影响力，否则就只能停留在抗议、冲突、纠纷的层面，或局限于地方性的诉求。中产阶级是那个不在场的框架者，这使很多原本以呈现、发声为目标的集体行动都带有隐匿的性质，互联网和自媒体时代强化了这一特征。

政治学人：刚刚您谈到抗争研究，其实现在的很多研究似乎在一定程度上迈向了标准化的研究设计，很多人把它量化、模式化，被变量所束缚。这也是我们一直都很困惑的问题。请问陈老师是如何看待这个问题的？

陈周旺：学生阶段开始就掌握一些量化技巧是很必要的。总体而言，量化研究的性价比相对高，也比较容易习得。只要手里有数据，跑一跑软件总归可以写出来一篇文章，这对发表导向的学术生涯是很重要的。像我们做基础理论研究或者质性研究，失败的风险很高，主要是时间成本很高，耗不起。如果手头掌握的资料无法支撑我们的理论建构，那就半途而废了。量化研究比较适合年轻学者，他们可以借助发表争取到比较理想的职位；基础理论研究比较适合成熟的学者，随着阅历的增长，他们对社会政治问题的理解会越来越深刻，越来越醇厚。

量化研究还有一个优势就是精确。基础理论研究不可能做到非常精确，因为这里掺杂着很多个人体验。量化研究可以做到千人一面，相比之下，基础理论研究就非常个性化。如果你拥有经济学、人口学那种精确化的思维，就会发现有些貌似充满思想光芒的理论观点根本站不住脚，因为不精准。这些观点之所以没有成为山野闲谈，而有机会成为一种"理论"，仅仅因为它们是从某位大学者口中讲出来的，而不是因为它们本身有多了不起。

所以，有量化思维对于学术研究是好事。但这不等于量化就是一切，不是说"凡是不可测量的都是没有价值的"。在中国社会做量化，最大的难题就是缺乏准确的数据，正如费正清说的那样，中国是"新闻记者的天堂，统计学家的地狱"。在不精确的数据基础之上跑数据，没有比这更荒唐的了。我们教学生量化，其中有好处也有坏处。毕业生说在大学四年学习中最有用的课程就是量化分析，学到的知识到公司上班都用得上，因为公司也要做报表，做统计。相应的坏处就是，给学生的感觉，在大学里做研究和到公司里上班是没有区别的，大学老师们申请课题，带着学生跑数据，跟公司里的项目经理也没有什么差别。所以，学术的真义究竟是什么？这才是我忧虑的问题。

政治学人：我们关注到您还对马克思主义政治学的研究颇深。

复旦大学国际关系与公共事务学院推出的《政治逻辑——当代中国社会主义政治学》，不仅揭示了当代中国社会主义政治学的基本命题与基本原理，而且对马克思主义政治学这一知识体系在当代的发展作出了重要贡献。作为主编之一，您认为这本书最大的贡献是什么？在这个过程中，遇到的最大的困难是什么？

陈周旺：这本书是集体劳动的成果，所有参与者经此实现了一次亲密无间的学术合作。刘建军教授和汪仕凯教授作为主编，贡献尤多。这本书的总体构思、提纲拟定、组织写作等各方面都来自刘建军教授的心血和付出，他厥功至伟。汪仕凯教授毫无怨言承揽了大部分具体而烦琐的行政事务。

本书首要解决的问题就是确定议题。刘建军老师把几位老师召集到郊区一座宾馆里，封闭讨论了两天一夜，最终定下这本书的写作框架，这个框架反映了刘老师多年的理论思索。接下来就要找到合适的作者。我们的作者，都是复旦大学政治学培养出来的中青年学者，他们不仅在对应领域长期耕耘、成果丰硕，而且跟我们在思想上有所共鸣，能够同频共振。正是基于这种理论默契，整本书在写作风格上达到了浑然一体，真正体现出复旦学派的理论特色。

在这个过程中，学校和学院给予了大力的支持和帮助，我们的工作被归入构建自主知识理论体系的重要部分。陈志敏副校长、苏长和院长经常关心我们的进展，尽可能提供各种学术资源支持。可以说这本书是聚多年之功、集全院之力才得以顺利完成的。

政治学人：中国政治学要呼应时代之问，政治学人并不应止步于理论的探索，更要走出思想的堡垒，投身于广阔的社会田野之中。您的研究中既有理论研究，也有实证研究。您认为应该如何做好政治学理论与实证政治科学研究的对话和合作呢？您对当代年轻学人有什么样的期许和寄语？

陈周旺：就像之前提到的那样，大学越来越像公司，教授越来越像项目经理。这里面可能蕴含着一种危机——身份缺失危机。据我自己的观察，近年来大学的变化，跟盲目学习某些绩效型大学思路有关——在短时间内通过引进人才、发表成果来冲排名，吸引更多的资金支持和优秀生源，形成良性循环。有些国际排名靠前的大学是一座城市的大学，只要能出绩效，怎么办都行。但我们是一个大国，我们办大学的思路肯定不能像某些城市那样，我们不仅要出成果、培养人，还要传承文化、创造思想。大国大学应该是什么样子？这个问题值得认真思考。

"学者"对我们而言，不仅仅是一个职业。在职业身份之上，我们应该还要有理想。学术之关键是坚守，要耐得住寂寞。过去许多学者都甘坐冷板凳，哪怕战火纷飞、饥肠辘辘也不改其志，为什么以前做得到，现在反而做不到呢？如果仅仅把"学者"当成一种职业，恐怕我们是守不住的。不妨回想一下，当初我们究竟是出于什么动机选择留在大学任教，而不是投身市场社会做时代的弄潮儿。我们的初心，应该就是教书和读书。哪天你觉得这两件事都是可有可无的，那你可能真要反省一下自己的职业选择了。

采访编辑：蒲　洋、陈柳汐、张　兰
采访时间：2023 年 1 月 1 日

中国政治研究的国家、
社会与个体

从 "单位中国" 到 "社区中国"

——对话刘建军教授

编者按 "单位制的产生"和"单位制的衰落"推动中国社会经历了从"乡土中国"到"单位中国",再到"社区中国"的转变。社会主义集体化的进程打破了乡土社会,改革开放又消解了单位的支配性地位,社区便成为联结国家与家庭的重要机制,基层治理体系也得以重塑。在这样的背景下,基层治理俨然成为政治学、社会学、公共管理学、城市规划学等诸学科的研究热点。那么,政治学学者为什么要关注基层治理?又应该以何种视角切入基层治理?如何在古今、中西之变中进行基层治理的研究?在社区这个场域之中,我们应该如何理解国家和社会?又应该如何诠释政治学?二十年前,刘建军教授的《单位中国》是解读单位制的经典之作;如今,刘建军教授的《居民自治指导手册》成为基层干部必备的实践指导手册。在历时十年的大作《社区中国》出版之际,"政治学人"平台特邀刘建军教授结合自身丰富的政治学研究与实践经验,向我们揭示中国城市社区治理的奥秘。

本期学者 刘建军,复旦大学国际关系与公共事务学院教授、博士生导师,复旦大学当代中国研究中心主任。兼任中华人民共和国民政部基层政权与社区治理专家委员会委员、上海市民政局决策咨询专家、上海市社区发展研究会副会长、上海市居(村)委会工作协会副会长等。主要从事古代中国政治制度、比较政治制度、基层政权与社会治理、城市政治学的研究。主编"社区中国与基层治理"与"城市绣花针"两套丛书，代表性著作有《政治逻辑：当代中国社会主义政治学》（中文版、韩文版）、《单位中国》、《社区中国》、《古代中国政治制度十六讲》、《当代中国政治思潮》（中文版、韩文版）、《居民自治指导手册》、《中国现代政治的成长》、《新中国根本政治制度研究》（合著）等。

政治学人：尊敬的刘老师，您好！非常感谢您抽出宝贵的时间接受"政治学人"平台的专访。您硕士和博士都毕业于复旦大学政治学系，请问老师为何会选择以政治学为志业？

刘建军：谢谢"政治学人"平台的邀请！我本科读的是师范大学，师范大学的缺点是专业性不强，优点是在马克思主义这一思想体系中接受了马克思主义哲学、政治经济学、科学社会主义三个方面的系统训练。我在聚焦自己未来学科方向的时候，也曾有过很多摇摆，比如马克思主义哲学、马克思主义伦理学、法学，后来才聚焦到政治学。之所以聚焦到政治学这个领域，是因为 20 世纪 80 年代的复旦政治学开风气之先，显示出了蓬勃向上、积极开放的气息，所以我本科毕业后便考取了复旦大学政治学系的硕士。硕士这三年读书很辛苦，最刻骨铭心的感觉有两个：一是没有一顿饭是吃饱的，二是每一本书几乎都要系统精细阅读。不像现在很多人都是碎片化阅读。那个时候读一本书，我们经常是在图书馆从早到晚坐一天，是一个长波段、系统性的阅读。我和陈玉刚老师是当时最后一批硕士毕业直接留校的，后来就没有硕士毕业留校的了。在职期间，我跟着曹沛霖老师读了博士。

之所以选择研究政治学，有正反两方面的原因。正的一方面，是因为我个人对中国古代政治史读得比较多，比如，如何走出古代中国难以摆脱的死穴，比如政治现代化、政治上的长治久安、民族复兴、共同富裕、人类美好生活状态的确立等。我们一直讲康乾盛世，其实虽然当时的 GDP 在世界占比很高，但是老百姓过得很苦。因此我就一直在想，中国如何通过国家建设实现政治现代化，解决被古代困扰的从个人到国家的一系列问题，这是我的一个追求。所以从正面来讲，就是希望找到中国政治发展的"出口"。从反的方面来讲，我对自己有比较清醒的认识，在国学经典方面的功底不够扎实。比如，研究文学要有很好的文学功底，研究古典学要接受系统的古典学的训练。我觉得我在很多方面没有童子功的积累，在这方面是比较欠缺的。所以，研究社会科学是比较务实的选择，可以让我相对快速地实现知识积累。

政治学人：复旦大学政治学系始建于 1923 年，也即将迎来建系 100 周年的重要时刻。复旦是国内政治学研究的重镇和领先者，作为政治学系的系主任，您认为复旦政治学系形成了怎样的独特风骨？

刘建军：我认为复旦政治学系有三个特点：

第一，开放的体系。复旦政治学有很强的开放的品格，这是从研究视野和研究方法上来讲的。我们充分汲取了其他高校和国际学术界好的研究方法。但如果仅仅从研究视野来判断，还不足以揭示复旦政治学的风骨。

用陈明明老师的话来讲，复旦政治学系的第二个特点，是"精英的意识、大众的情怀"，这是我比较认可和欣赏的。复旦政治学系能顶天、能立地，既不把自己封锁在象牙塔中，也不把它转化为靠直觉判断的学问。用康德的话来讲，"没有直觉的概念是空洞的，没有概念的直觉是盲目的"。

基于精英的意识和大众的情怀，我对复旦政治学系的家国情怀又做出了进一步的概括，也就是第三个特点，即"积极的保守主义"，这可以视为对复旦政治学风貌的提炼。复旦政治学不回避问题，保持开放，敢于面对问题，敢于对中国政治各个方面进行深入的研究，体现出了"积极"的一面。另外，复旦政治学具有坚定的政治立场，以国家为导向的政治情怀，以及对秩序、传统、制度等发自内心的敬重，又展示出了"保守"的一面。所以，我称之为"积极的保守主义"。在某种程度上，"积极的保守主义"既可以把复旦政治学的风貌呈现出来，又显示出了她的张力。在这个张力之上，你会发现她既不是机械的，也不是恣意妄为的，既不是以自我为中心的，也不是以他者为中心的。可以说，复旦政治学有一种自强不息的生命力。有一次我去看望王邦佐老师，他告诉我，我们复旦政治学不能用"代"来划分，要用"层"来划分。我懂得王老师的意思，一是不要用"代际"区分老少与高低，二是用"层"可以体现出复旦政治学研究人才层出不穷的勃勃生机与研究主题层峦叠嶂的多彩画面。

政治学人：除了上述三个特点，我们了解到复旦政治学系素有"通过历史理解政治""通过社会理解政治""通过文化理解政治""通过经济理解政治""通过比较理解政治"等传统，将"政治"置于广阔和丰富的视域中。您认为我们应该如何理解"政治"？如何把握不同传统对于政治学研究的张力？

刘建军：我觉得复旦政治学一直是在一个非常宽阔、宽广的视野中理解和研究中国政治与世界政治的。我在复旦国务学院读硕士，后面留校读博士，可以说，复旦的政治学研究没有完全陷入变量语言的陷阱，没有把政治学的研究蜕化为炫丽的研究技巧，这是复旦政治学的一个幸事，也是硕博士群体的幸事。我在《南京社会科学》上发表的《业民社会的兴起》一文，就讲到变量语言有时候会通过一些研究技巧肢解和阉割完整的社会事实与文明世界，甚至有时候会转化为对历史规律的遗忘。

我把复旦研究政治学的传统总结为"通过历史理解政治""通过社会理解政治""通过文化理解政治""通过经济理解政治""通过比较理解政治"，可以说这是对复旦政治学研究路径的提炼。

通过经济理解政治。例如我们学院的老前辈陈其人先生对帝国主义经济体系、殖民理论、南北关系、马克思主义政治经济学的研究，奠定了从经济理解政治的绝好范式。

通过历史理解政治。我们学院孙关宏老师对中国政治文明演进历程的研究、陈明明老师对中国政治史和任军峰老师对西方政治史的研究，都是从历史的变迁中寻找政治发展的规律。政治发展的规律绝对不是靠简单的变量组合发展而来，而是在人类社会历史的演进过程中发现、搜寻和挖掘出来的。

通过社会理解政治。如果把政治学简单地理解为国家与社会的互动，是比较肤浅的。比如对于村落家族、单位组织、基层政权的研究等，实际上是想开辟通过社会去理解政治的途径。国家与社会对政治的理解只是概念上的区分，在现实生活中是很难区分的。马克思在《路易·波拿巴的雾月十八日》中研究法国社会的时候，就提出了通过社会理解政治、通过社会理解国家的经典的路径和方式。

通过比较理解政治。政治学系恢复重建后，当时毛主席和周总理指定由复旦大学研究西欧和北美。在研究和关注欧美的过程中，也缔造了复旦政治学系开放的气息。曹沛霖老师是中国改革开放后最早的博士生导师之一，他的方向就是比较政治。后来，曹老师主持翻译了阿尔蒙德的《比较政治学》，深刻地影响了几代学人。所以比较政治研究就成了复旦政治学很重要的传统。后来我们又去读马太·杜甘的《国家的比较》，发现比较容易形成范式、概念，但实际上很多东西是不可比较的。例如，中美的行政区划是无法做出直接比较的，因为二者并不是功能等价物，可以尝试比较的应该是中国的行政区划和美国的选区区划。

我一直觉得，无论是政治、经济也好，社会也罢，现在人为地把人类的世界划分政治、经济、社会、文化等其实是错误的，这是我们构建知识体系的便利，是发展学科不得不做出的选择。比如，我们购买衣服，是属于文化、经济还是社会呢？这个衣服需要花钱购买具有经济的内涵，但这个衣服本身也代表了一种社会地位和审美取向，它又成为社会学、文化学和政治学的研究对象。服饰政治、服饰文化、服饰经济是聚合在一个物件上的，所以我们想把它截然分开是不现实的。很多时候，极端的科学主义、行为主义，对变量语言的极端推崇，会把政治学锁定在狭隘的状态和单一的知识类型里面。它可以帮助你写出论文，但是抽干了你真正的灵魂。所以说，我们政治学研究不能堕落为论文的生产机器，而是应该发现政治与历史、社会、文化、经济的关联，发现政治的脉络。

政治学人：我们也非常认同，政治学者应该有自己的坚守。您编著的《古代中国政治制度十六讲》堪称该领域的代表之作，为我们勾勒了古代中国治理的施政坐标，揭示了古代中国政治制度的变与不变，书中提出的国家治理六大难题在如今依然有很强的思考意义。据了解，您也打算在今年重新修订这本书。那么，对于国家治理能力现代化的研究，我们应该如何理解和把握古今之变？

刘建军：国家治理现代化是中国共产党治国理政的战略，它是超越传统的，也是超越西方的。因为在中国这么大的一个国家构建这样一个体系是独一无二的。印度的人口和我们差不多，但地理面积比我们小。美国的面积和我们相似，但是人口比我们少得多。俄罗斯也是这个问题，人口基数太小。小国家的发展道路有时候是可以模仿的，但在地理、人口、历史等各个要素汇聚在一起后，这种复杂性程度高的大国，是很难替代的。比如，新加坡搞出口替代，其他一些小国也可以学习从而迅速实现人均 GDP 的增长，但是大国是很难模仿的。所以中国的国家治理现代化之路是在自主探索的过程中形成的。从这个角度来讲，国家治理现代化是超越传统的，但又和传统是密切关联的。比如，中央集权、单一制、巡视制度、官员调动制度等和古代中国是密切相关的。所以，我花了 14 年的时间写了这本书。我觉得比较大的贡献是提出了研究和分析中国政治的概念系统和知识要素。我们不仅要在历史的事件和人物中去理解政治，也应该在知识体系中理解中国传统政治。因此，形成古代中国政治制度和治国方面的知识体系是政治学者的责任，而不只是把古代的政治制度和治国方略转化为具体的细节。

我认为第二个比较重要的贡献在于提出了古代中国政治的六大难题，这些难题在当代中国基本上得到解决。但是如何应对和处理社会的变化，尤其是互联网社会的入侵，在这个问题上还没有得到根本解决。那么，当代中国是从何种途径破解传统中国所面临的重大议题？破解的路径和手段是什么？这样的话就能够形成对古代中国和当代中国，也是你刚刚讲到的"变与不变"这样一个大的历史判断。我一直觉得，在这个具有超大型国家、超大型社会、超长型历史的中国，没有体系性的把握，就无法理解当代中国。这本书我打算今年修订，争取明年出版。这次修订也会在理解中国政治变迁的规律之上，进一步提炼古代中国政治制度知识化和施政法则等方面。

政治学人：正如您刚刚所提到的，《古代中国政治制度十六讲》比较大的贡献之一，是提出了研究和分析中国政治的概念系统和知识要素。您认为，我们应该如何构建这套知识体系？

刘建军：理解中国政治有一套独特的概念体系，比如内外、上下、干支、强弱、礼法、轻重、文武、虚实等，但是如果我们对中国政治的理解只是局限于传统留给我们的概念，那么我们将走不出中国政治的怪圈。我们需要汲取新的历史视角与方法，比如阶级重组、所有制经济制度和中国政治制度变迁等，这些都是马克思主义传入中国后我们构建起来的理解中国政治的新型范式。这些新型的理解可以为中国政治现代化找到革命主体、知识资源，为中国政治的知识化扫清障碍。我觉得马克思主义输入中国不仅带来崭新的知识体系，更为重要的是它改造了我们的政治思维方式。改造的动力就在于新型政治辩证法的确立。中国传统的政治辩证法体现为"水能载舟亦能覆舟"、陆贾所说的"马上得天下但不能马下治天下"等经典命题。在中国共产党人完成了对政治知识体系的重建之后，这一套政治辩证法也就被经济基础决定上层建筑、上层建筑反作用于经济基础，生产力决定生产关系、生产关系反作用于生产力这一新型的政治辩证法所替代。政治辩证法的革命直接带动了政治思维的革命、政治分析的革命以及对政治规律的重新发现。如果中国政治还是在"水能载舟亦能覆舟""马上得天下但不能马下治天下"这一套辩证法中兜圈子，那么中国大地上孕育出来的依然是单一属性的统治性、封建性政权，是狭隘的、无法与世界相连的空间维度上的封闭性政权。只有在经济基础与上层建筑、生产力与生产关系这套政治辩证法中，我们才能在新型的思想和知识框架中完成对古代统治性政权的实质性超越，依靠发展性政权、现代性政权、人民性政权、服务性政权的构建重新为中国政治"立法"。我们今天每一个读过书的中国人的思维世界和思维链条就是这套政治辩证法塑造出来的。我们用长幼、上下、内外、轻重来思考我们所处的生活世界和人际世界，但我们用经济基础与上层建筑、生产力与生产关系来思考我们所面对的宏观结构和历史进程，而后者恰恰是传统的文字知识、经学知识所无法容纳的。所以，如果没有马克思主义提供的新型知识体系和新型政治辩证法，中国政治可能还是要陷入新的循环。

但是内外、上下、强弱等依然很重要，因为它渗透在中国政治的血液和骨髓里。因此，我觉得传统视角与现代化视角的结合，是理解中国政治知识体系不可或缺的两个方面。

政治学人：十几年的时间里，您跑遍了上海一百多个镇和街道，走遍了成都、深圳、珠海、杭州、南通、焦作等诸多城市，英国、德国、瑞士、印度等国家也留下了您调研的足迹，可谓是真正实现了从"书斋"到"田野"的转型。您为何要实现这一转型？如今的社区研究如火如荼，但似乎尚未形成重大理论和革命性的范式。那么，从比较的视野出发，您认为不同国家、不同城市的社区有何差异？我们应该如何以比较的视野关注和研究城市社区？

刘建军：大约在十年前，我转向社区研究。当时我的学术想象力处于枯竭的状态，因为以前的研究是书房内的产物，通过阅读文字、阅读历史而完成，我感觉自己的学问像建立在沙滩上一样，根基很脆弱。另外，贯穿现代社会的链条也越来越长，有时候会陷入用有限的知识体系解释无限的人类社会的处境，这个时候人类所拥有的知识就会显示出有限性、虚假性和脆弱性。为了让自己的研究建立在真实、可靠的经验之上，我选择了进入社区。社区是一个真实的生活场景，可以看、可以谈、可以捕捉。这个转化背后还有一个原因。以前我们做学问只有文字，没有人，所以我想去看看活生生的人是如何在这个社会上立足的。在进入社区研究之时，我遇到了两位贵人：一位是带我进入基层社会治理领域的上海市社区发展研究会会长徐中振教授，另一位是 2012 年我在上海市民政局挂职锻炼期间时任上海市民政局局长马伊里。正是他们的帮助，让我更加深入地了解上海这座城市，更加熟悉了社区运作的一系列流程，也从另一个角度重新解读了自己研究的政治学。

我觉得我这十年的学术转型是比较成功的，因为我的研究建立在可靠的经验基础之上。另外，我们也有很多成果，比如由天津人民出版社和格致出版社出版的两套丛书，分别从理论上和实践上对中国的社会治理进行了总结。另外，社区这个场域虽然可以建立实在的经验，但很可能遗忘背后的宏大关怀。比如，研究网格化和智能化，经常会陷入纯粹的技术治理中。所以，我们现在读很多基层治理的文章，感受不到灵魂的跳动。社区研究，对历史、人和国家治理体系的综合把握要求是非常高的。就像爱丽丝·戈夫曼在《在逃》中研究的黑人群体一样，如果她没有对黑人群体内心世界的把握，如果没有对广大族群社会、警察体系、国家控制体系的理解，是写不出来这样的书的。所以，中国的社区对于普通人来讲是心的安放空间，对国家治理来讲是国家治理的细胞，对政党来讲是投放政治情感的空间。我们只有在宏大的制度框架里捕捉社区，才能发现其中的精髓。我自己也是沿着这样的路子去做社区研究的。过去十年里，我最有底气的一本书就是刚刚出版的《社区中国》，与《单位中国》构成姊妹篇，立足于单位时期和后单位时期的基本单元。她们也构成了我解读中国社会的姊妹书目。

政治学人：正如您刚刚所说，在世纪相交之际，您出版了《单位中国》一书，从政治学的角度为我们解剖了单位制，这一书亦成为理解和研究中国社会结构的经典之作。二十年过去了，您以费孝通先生的《乡土中国》为参照，出版《单位中国》的姊妹篇《社区中国》。您很早就提出中国社会的总体变迁是从"乡土中国"到"单位中国"再到"社区中国"的判断。那么，您是如何理解这个变迁的？能否和我们透露一下您为什么要撰写这本书？

刘建军：《单位中国》和《社区中国》这两本书延续了"通过社

会理解政治"的思路。写这两本书的时候，我有意识地将费老的《乡土中国》并列在了一起，这也是我学术观照的对象。我在读《乡土中国》的过程中，发现"乡土"这两个字不只是代表乡村，它代表的是文明生活的一种样态，甚至代表了中国人民的精神世界。这样的精神状态，在人民公社化运动、农村集体化运动和单位体制构建的过程中遭到了很大程度的削减。所以乡土社会的消解实际上是精神世界的消解。那个时候，无论是农村还是社区，都经历了单位化的改造，单位也成了到现在为止还让人魂牵梦萦的概念。有时候我们见面，第一句话一般是，"你是哪个单位的？"作为连接国家与社会的中介，中国现在进入后单位社会的色彩比较明显。那么，在后单位社会来临的过程中，一种新的生活空间、一个新的社会单元、一种新的国家—社会—个人的中介组织成长起来了，这就是我们讲的社区。

《社区中国》这本书，最大的贡献是提供了后单位时代中国人安放自己身心的载体和空间。社区成为学业、家业、产业、房业等多种人生追求的空间汇聚，这是第一个贡献。第二个贡献是，我提出了解剖中国社会变迁的原创性的知识和概念。费老有一句话，中国社会的变迁只能靠中国人去解读，不在这个土地上，背后的奥秘是无法通过简单的观察和变量体现出来的。很多外国学者的书，方法和体系很规范，但是内容离我们很遥远。所以，原创性的知识和概念是我不断追求的。这是很困难也很有挑战性的目标。是否达到了这个目标，我们就留给学界和后人去评判。第三个贡献就是，我不是就社区谈社区，而是通过社区这扇窗去看古今中外，去看多彩的生命。或者说，社区就像一个容器，我把自己的半生所学都装载进去。我希望《社区中国》一书能够成为一本散发出各种香味的知识容器，不同的人都可以从中品味出不一样的人生。

政治学人：确实如此，在《社区中国》和以往的研究里，您提出了很多原创性的知识和概念，比如"关联主义""社区社会主义""业民社会"等。您曾指出，"关联主义"的核心是国家、社会与家庭的关联。请问您如何看待这三者之间的关系？除了学术上的探索，您在实践中所提倡的"有温度的社区"和"有风度的社区"，已经成为上海诸多街道推动社区治理的重要方向之一。但是温度和风度在社区社会资本中的积累遭遇了房权社会中利益政治的挑战。您认为应该如何看待和处理社区中的利益政治与情感政治？

刘建军：我们在看社区的时候，绝对不是基于刚性产权制度边界的独立的自治空间，里面包含着文化、政治、社会等密码。所以，在中国的社区里面，用西方的社区理论或者经济学的产权理论都没办法把社区的精髓呈现出来，采用单一视角研究中国社区大多是失败的。基于这样的观察，我提出了"社区社会主义""业民社会"等概念解读包含多重信息、多重维度、高复杂性、高关联性的中国，试图把这个复杂多彩的面貌呈现出来。这是我研究中国社区方面做出的一些原创性的探索。

中国的现代化在经济、政治，或者说整个国家的运转体系上找到了出口。唯一一个还没有找到出口的，就是如何构建法治社会，或者说用你刚才讲的，"如何把情感政治和利益政治实现有机协调"，这个出口还没有完全找到。如果这个出口找不到，就意味着社会治理的成本会越来越高，就意味着个人与他人交往的社会工具处于模糊状态。所以，这也是我提出"有温度的社区"和"有风度的社区"的出发点。"有温度的社区"是我在2012年、2013年左右提出来的，这是影响社区发展的重要判断之一，在中国是妇孺皆知、耳熟能详的。因为市场和社会必然让人与人之间的关系越来越冷漠，但中国的社会不能让这种冷漠在轨道上狂飙，否则是会撕裂社会的。所以说，如何把中国人所崇尚的情感沉淀到社区中，是克服市场化、冷漠化这些意外后果的很重要的治理策略。但是后来我发现仅仅有温度是不够的，因为在中国的生活场景中，存在大量利益性的话题，这些决定了基层协商政治的生命力。所以，我认为只有政治性、关系性的公共生活是不够的，还要构建利益性的公共生活，并实现三者的有机统一。

政治学人： 您编写的"城市绣花针丛书"被誉为提供中国基层治理方法与工具的"宝典"，"社区中国与基层治理丛书"则试图为基层治理提供理论的阐释、发展与解读。据了解，《居民自治指导手册》一经出版便被抢购一空，得到了很多社区书记的认可。那么，您为什么要编写这两套丛书？实际上，作为一名学者，深入指导社区干部、建设好社区，为他们提升社会治理能力，需要花费大量的时间和心血，您为何想做"学术公益"？

刘建军： 我做社区治理最集中的成果就是这两套丛书。我之所以想编写这两套丛书，是带有很强的使命感的，即如何达到服务国家、服务社会的目标。社会科学在某种程度上要求你的研究可以转化为可以操作的实践。特别是欧美的学者写了很多指导手册，这激发了我内心的冲动：如何让自己的研究转化为可操作的知识和指导方法，为基层提供参考。但是在做的过程中，我发现尽管这种追求很清晰，但实现这种追求的过程却非常痛苦，因为指导手册的话语体系、表达系统等和一般的理论著作有很大的区别。然而从基层管理者的评价来看，这两套丛书基本上已经成功了，因为这两套丛书已经成为很多基层管理者的手头宝典。关于治理支点的选择、治理机制的优化、治理主体的培养、治理场景的深造等都可以在这两套书里找到答案。

政治学人： 互联网空间形成了一种社会形态，并改变了全球社会的运行方式。您曾经指出，从长波段的分析来看，中国社会经历了封建社会、豪族社会、四民社会、半殖民地半封建社会、单位社会、业民社会、网络社会等阶段。在社会形态的转变中，原有知识中的概念体系发生了颠覆性的变化。那么，您为何认为应实现再一次的转型？数字政治带来了哪些知识性的革新？您认为被裹挟在互联网中的国家与社会，出现了哪些变化？在数字政治中，我们应该如何理解"权力"？

刘建军：我自己做学术研究，喜欢去选择有挑战性的领域，以此来开掘自身的生命能量和学术能量，这是我做学术研究的一个惯性。现在有大量的人在研究技术治理、互联网，我发现对我最有诱惑力的一个题目出现了。互联网社会到来以后，所有的一切都变了，人与人的交往方式、消费方式等都发生了变化。过去我们对一个人行为的溯源追踪是很难的，现在却轻而易举。现在的互联网国家和传统国家是不可同日而语的。从互联网来看，人类社会可以分为两种人：一种是从前互联网时代进入互联网时代的"移民"，另一种是生于互联网时代的"土著"。我是从传统社会进入互联网社会的"移民"，现在的"00后"和"10后"就是互联网时代的"土著"。过去我们讲，如果要复制社会，难度是很大的，因为没有能力和技术，而现在一个手机就可以。网络里的货币、权利、距离等，和过去的理解是迥然不同的。这就激发了我对于政治学的想象，互联网政治是一种参与式的政治，但是互联网政治背后是什么？是数字政治，所以我们不能说是 Internet politics，而应该是 cyber politics 或 digital politics。过去亚里士多德讲的"人是天生的政治动物"被"人是天生的数字动物"所替代。互联网对人类的影响可以说是"毁誉参半"。那么，数字政治是一种什么样的形态？数字时代的国家又是什么样的？数字时代的生命何去何从？数字时代的权力是一种什么样的权力？过去我们理解的权力是控制别人做他不想做的事情的能力，现在的权力越来越变成一种作用与反作用的关系，这是一个神奇的政治形态。所以，我一直希望对这个问题做出超越技术、网络、治理、人与人关系之上的哲学的思考。我打算写一本叫作《数字政治学原理》的书，这虽然是一个耳熟能详的议题和领域，但是想要做出突破性和开创性的研究，还是很难的。卢梭所讲的"人生而自由，却无往不在枷锁之中"，这种状态的真正落实是在数字政治时代。人是不可能摆脱互联网的，人需要拥抱互联网，但是拥抱互联网就会让你处于"枷锁"中。

政治学人： 政治学研究的根本目的是追求治国理政的优化，为人民创造美好生活。您认为新时代的社会治理需要怎样的政治学研究？后辈学者应该向哪些方向进一步努力？

刘建军： 现在的中国学者，特别是青年学者，研究社会治理的人很多。我希望大家能关注三样东西：

第一，关注人。关注人性，关注人情。第二，关注制度。虽然社区是一个生活场景，但毕竟它有关系性、利益性、政治性的话题。现在我们把法治社会的构建作为一个很重要的战略任务，这个空间一定不是混乱、无序的，是需要通过制度实现的。第三，关注国家。中国是一个单一制的国家，又是确立在公有制基础上的国家，这就导致社会治理、基层治理没办法独立于国家之外。所以应该关注这三者。

最后一个我要特别讲一下。现在"基层治理""社区治理""社会治理"三个概念存在严重的概念误用。"基层治理"涉及的是基层政权，基层治理更多的是以基层政权为枢纽的公共产品的配置和秩序的巩固。"社区治理"更多的是以居委会和村委会等自治组织为载体的关系重建，或者说我们讲的温度社区和风度社区的构建。"社会治理"指的是整体性的，人的行为的重塑和改造。比如交通治理，实际上是社会治理的重要组成部分。日本以学校为中心进行公共产品的配置，社会治理的背后是和法治社会联系在一起的。不管是进入学校还是火车、商场，都有很明确的和他人互动的规则。中国人所讲的长幼有序、信用等，从单一的空间向整个社会扩展，这就是社会治理。我认为中国的基层治理做得不错，社区治理也在探索和改进，但是把社会作为整体性治理体系的重构，还有很多研究可以做。现在有很多人把社会治理等同于基层治理和社区治理，这是绝对错误的。当然，基层治理和社区治理如果能做好，可以成为巩固社会治理体系的重要因素。

采访编辑：张　兰

采访时间：2021 年 9 月 6 日

个体与结构维度下的政治学研究

——对话马得勇教授

编者按 在学科融合和技术爆炸的整体背景下，政治传播学、政治心理学等政治学子话题渐渐得到关注。加上大数据研究、实验研究的风靡，政治学研究在继承宏观视角下也具有了更多的微观关怀。本期"政治学人"平台专访马得勇教授，以期探寻政治研究的个体与结构、微观与宏观之趣味。

本期学者 马得勇，深圳大学政府管理学院特聘教授。韩国首尔国立大学政治学博士。研究领域主要包括：政治传播与政治心理、比较政治、中国基层民主与治理、中国政治制度变迁。教学方向侧重社会科学研究方法、政治传播、政治心理、历史制度主义等。著有《东亚地区社会资本研究》《中国乡镇治理创新：10 省市 24 乡镇的比较研究》等，在《政治学研究》《清华大学学报》《中国行政管理》《国际新闻界》和 *Democratization* 等国内外期刊上发表论文 60 多篇。承担国家社科基金、教育部人文社科基金、欧盟"玛丽·居里"项目等多项科研项目。自 2012 年以来，每年通过网络开展"中国网民社会心态"系列调查并免费公布，相关调查数据已被广泛用于政治传播、政治心理、政治文化等领域的研究。

政治学人：马老师您好，非常感谢您接受"政治学人"平台的专访。综观您的学术成果，我们发现您近年来主要关注的是政治传播学和中国政治制度变迁两个领域，您可以结合个人学术经历谈谈您的学术旨趣来源吗？

马得勇：这两个领域其实跟我的研究一直都是一脉相承的。我的博士论文是关于东亚几个国家社会资本的比较研究。社会资本这个领域的研究，一方面是跟制度绩效、政府绩效有关系，另一方面是跟政治文化领域相关联。社会资本是从文化的角度去考察或者解释政府绩效或者制度绩效，帕特南的《使民主运转起来》那本书就是这个路子。政治文化这个领域涉及政治信任、社会信任，还有政治参与等，既有政治文化，也有政治行为。在研究政治行为的时候，不可能不涉及政治心理。公民参与政治的背后动机是什么？我们在追问动机的时候，就要涉及心理分析的问题。但是心理分析又有一个问题是：外在因素怎么影响个体行为呢？通过信息这个中介。信息又是怎么来的？是通过政治传播。个体怎么接收这种外在的政治信息？体制给他们提供什么样的信息？这整个过程实际上是后来我为什么做政治传播研究的一个脉络。最开始是做文化，后来文化又涉及心理，心理又跟信息传播特别是政治传播有关。但政治传播比较偏重从政治心理的角度分析问题，它不是特别关注媒体怎么报道，媒体怎么发展，这些是传播学更关注的。

研究制度变迁，实际上也是跟我一开始关注基层民主有关系。这个主题，一个是要看基层民主发展，一开始我关注的都是基层民主创新的现状怎么样，创新的绩效怎么样？为此做了很多制度创新的描述和评估的研究。但除了评估绩效，还要关注这个制度创新是怎么发生的。制度创新怎么发生的问题就是一个制度变迁的问题。为了解释制度变迁，我开始看一些文献，看文献的时候就看到唐世平老师的社会演化范式，觉得非常有说服力。然后继续看文献，就看到历史制度主义，还有新制度主义的一些文献。边看这些文献边思考要用什么样的制度理论去解释乡镇民主的发展，乡镇制度创新是怎么发生的？这样下来就开始关注制度变迁的问题。

目前这两个领域中，我对制度变迁和基层制度创新的研究暂时告一段落，将重点放在政治传播和政治心理。当然两个领域，可以分开做，各做各的，也可以结合起来做。

政治学人：不管是政治传播领域，还是在制度变迁领域，您都非常重视微观和宏观的结合。这种研究视角相比传统单一视角的优势如何体现？您觉得怎样可以更好地把这两个视角结合起来？

马得勇：政治心理和政治传播侧重对微观个体行为与心理的研究，历史制度主义侧重宏观的制度结构和社会变迁研究。但是政治传播或者传播学研究的很多主题都涉及历史制度主义，甚至于制度演化理论。有一些传播学的学者其实已经做了这方面的研究，比如说新中国成立以来中共的媒体政策如何演化，有关新闻媒体的管理或者舆论宣传是怎么样的一个体制。其中学者潘祥辉出版的《媒介演化论》，用的就是制度演化理论，里面使用了社会演化论或者历史制度主义的概念和理论。另外像孔飞力的《叫魂》，其实他说的就是信息如何传播的问题——在传统社会信息如何传播、谣言如何传播，这也是政治传播的内容。但它同时也是一项制度变迁或运行的研究，研究这个制度如何影响信息传播的。像2019年《中国社会科学》刊发了一篇文章叫《信息渠道的通塞：从宋代"言路"看制度文化》，其实说的也是传播领域的制度变迁或者制度文化问题。所以政治传播学和历史制度主义，本身在很多研究主题上是可以互补和交叉的，历史制度主义的研究范式在很多领域也都可以用。

政治学人：政治传播和历史制度主义这两部分的研究，有什么样的知识上的互补？

马得勇： 之前我们对制度的研究，有时候就是纯粹的制度，这个制度怎么设置，怎么运行，有的时候也会评估一下制度最后产生了什么样的结果。但像现在的历史制度主义、新制度主义等，很注重制度的结构和行为主体之间的互动。

一个好的宏观制度变迁研究必须以对微观层面的行为主体的行动和心理动机的分析为基础。没有这个基础，光谈制度，没有人，那这样的制度研究就感觉缺少东西，干巴巴的，研究成果也会难以令人信服。所以作为比较宏观的制度变迁研究，我觉得对微观个体的行为和心理的分析是必不可少的。宏观上一个社会结构也好，一个制度也好，它会产生一个什么样的结果，最后都是要有人来实行的，它的因果机制里面必须有人，没有人的话，社会结构如何影响到人们的行为，制度或社会结构导致一个重要的社会后果的因果机制是什么，这些都没有办法回答。所以，一个好的制度变迁的研究，对它的解释是绕不开微观基础的。

另一方面，对微观个体行为的解释不可能仅仅从宏观层面就可以给出一个充分的解释。现在有一些人喜欢用宏观的社会结构和制度的安排来解释微观行为，有一种结构主义的倾向。比如说谁偷东西了或者谁杀人了，在分析其成因时往往强调政治制度、社会结构因素，制度如何逼迫他怎么样，贫富差距如何扭曲他的思想等。在一定程度上宏观结构可以说明一些问题。比如说贫困，农村的人其实很勤快，但他没有城市里的人那么富，生活水平没那么高，这就是我们的城乡二元结构造成的，不追问这种制度安排的原因是不行的。再比如欺骗行为的发生，一个重要的原因就是制度安排的漏洞，或者是制度本身容易滋生虚伪欺骗这种行为的发生。但是从宏观制度结构的因素去解释显然是不够的。为什么？一个同样的制度下为什么有的人去偷，有的人不去偷？同样城乡二元结构，为什么有的农民能富起来，有的就没有富起来？这通过宏观因素解释不了。在诸如此类的问题上，宏观的社会结构在解释个人的行为的时候，并不是一个充分的解释，因此我们必须要注意到个体的差异。要研究这些个体的差异是怎么产生的，这就需要从微观的内在的因素去寻找原因，例如人格、心理动机、认知模式等，其实它跟宏观的解释并不冲突，而是一种互补的关系。

政治学人：您的多篇文章都突出了个体固有心理特征（如权威人格、意识形态等）对政治信任的显著影响力，那么又是什么在影响这些固有特征呢？这个问题是否对未来公民政治人格培养具有更大的意义？

马得勇：一般而言，个体行为或态度是个体内在心理人格特性与外部环境互动的结果，在心理学上也有一个重要的研究范式——情境论。情境论强调个体的心理人格与其所处环境的互动所产生的影响，所以并不是说心理学就忽视了环境的影响。一个威权人格比较强的人在不同的制度约束下其行为结果可能存在很大差别。比如面临外部威胁时，在一种体制下，高威权人格者可能会行动起来打砸抢国外工厂和抵制外国货，但另一种体制下，高威权人格者可能只会发表一些批评外来移民的言论。这些行为不能解释为完全是制度造的结果，因为同样体制下很多人并不会去打砸抢烧外国货，这就要考虑到个体内在固有的一些因素。也就是说，同一种制度下人和人不一样，这种差异往往是个体内在特性决定的；不同制度下也都有同样是威权人格的人，在不同制度约束下威权人格表现出来的行为并不完全相同，社会后果也不同，这种差异往往是外在环境发挥了更重要的作用。至于个体内在固有特性的形成原因，也是一个复杂的问题。就一个人的政治态度而言，内在的原因可能来自其基础性价值观，也可能源自人格特性，而人格特性又可能来自人类长期的演化和个体的差异，也可能源自个体成长环境的差异。

我为什么会更多地强调个体内在特性的研究呢？因为国内政治学领域研究的人太少了。国外政治心理学发表的文章特别多，我们这边研究太少。这一方面有利于发表成果，另一方面也是我们国内政治学发展的一个需要，填补国内的空白。那么个体内在特征的形成和环境之间到底是怎么互动的？比如说威权人格如何在成长环境中形成，以及后天的成长环境跟他先天的人格是怎么互动的，目前对这些互动的具体情形和动力机制的研究还很不足，需要深化。

关于政治人格，我的理解比较具体。一个人在政治生活和日常工作中更倾向于跟他人达成妥协，还是更倾向于跟他人对抗；更倾向于与他人合作还是更倾向于欺骗和利用他人；更喜欢独断专行还是民主决策；更喜欢挑战现有制度约束还是遵纪守法；对不公正的现象是抱有强烈的不满和批评，还是完全视而不见，明哲保身；等等。我把这些特性看作政治人格的日常表现，但这些政治人格跟个体自身的心理人格特性和外在的环境是怎么互动的？其实我们的研究还非常不足。

对这些问题的研究对于我们理解人性与制度的关系很有帮助。比如说有研究表明，绝大多数的社会中大约1/3的人具有利他倾向，这是人类一种固有的心理动机。这种动机也是合作型、服务型政治人格的一个心理基础。如果你只关心制度，看不到人的心理动机，看不到人性的本质，忽视了人与人的差异，那么设计制度时就容易出问题。我们制度设计的一个最根本的依据，我觉得就是人性。研究人的心理和人格，了解其深层次的特性及差异，对于宏观的制度研究是有帮助的。只有认识到人的固有特性，我们才可以研究什么样的制度环境和什么样的公民教育导向有利于某种人性（比如利他行为）的普遍化；什么样的制度会约束某种人性（比如欺骗），使这种心理动机被极大地遏制。这个跟我们的制度研究不但不冲突，而且是互补的。因此，制度研究需要关注政治心理学、演化经济学、演化心理学的成果，这样的制度研究才有根基，我们在政治实践中才能更好地设计制度。

政治学人：有些学者会指责这种用态度解释态度的路径内生性太强，您如何看待？

马得勇：内生性问题需要好好讲一讲。首先对个体态度和行为的解释大体存在外在和内在两种途径。外在的途径，当然强调外在社会环境，内在是强调个体内在的心理和人格这些东西，我觉得这两种范式彼此其实不矛盾。在具体解释某一个行为者行为的时候，从哪个角度解释更好？不同的人有不同的理解，不同学科和不同理论范式对内生性的理解也是存在差异的，比如政治学和心理学之间的差异就比较大。

我们研究制度跟行为者之间关系的时候，有些学者把个人作为最小的分析单位，并假定其是理性的、自利的。但是我认为社会科学最小的分析单位不能设定为个体。社会科学的分析单位可以更小，甚至同一个体的不同大脑部分之间的联系也可以成为社科研究的对象。心理学探讨的很多概念或现象之间的关系都是基于同一个体之内的态度和行为之间关系的研究，比如权威人格和政治信任态度的关系，甚至一种心理特性对另外一种心理特性的影响。我常常用同一个体的权威人格的强弱来解释这个个体政治信任的高低，那么权威人格和政治信任是不是同一个概念？或者是同一个问题的两个侧面？我认为不是。这两个概念的内涵是非常不同的，用一个概念（及其指称的现象）解释另一个概念（及其指称的现象）没有问题，不属于内生性问题。我们的研究需要界定清楚不同的概念和变量的含义，然后运用它们展开研究，而不是把研究视角局限于个体和其外部环境的关系上。心理学上的因果关系和因果机制也有自己的特点，有些心理现象之间的因果关系往往是逻辑上的，很难做一个时间上有先后的实证检验，比如权威人格与政治宽容、权威人格与对外部群体的宽容。当然，如果研究经费充足、研究时间足够长，我们还是有可能设计出一个能体现时间上存在先后的因果关系的研究。这方面的研究在国外其实已经有不少了。

另一方面，我觉得从事量化研究与微观心理和行为的学者需要反思内生性的问题：我们常犯的一个错误就是同语反复。我们研究两个概念或变量的关系，往往是通过观察测量这两个概念的指标间的关系来达到的。所以用于测量两个概念的指标体系不应该是相同或高度相似的。很多时候是因为概念测量不清楚，即概念的操作化出了问题，所以产生了内生性的问题，而不是概念本身是同质的。我们本来研究的是两个不同概念或变量之间的关系，但是我们如果用指标 A 去解释指标 B，而指标 A 和 B 本质上测量的是同一个概念而不是两个概念，这时候就会导致内生性问题。比如，测量权威人格的指标体系和政治信任的指标体系应该指向两个概念，但实际设计的两个指标体系高度相似，我们用这些指标体系考察其相关性或因果性，就会产生内生性的问题。这种内生性问题往往是由于研究者对概念的本质内涵理解不深，不愿意在概念及概念操作化方面花精力去深究，在设计测量指标时不注意不同概念的测量指标的差异。

另外，以问卷调查为基础的概念测量，还需要考虑应答者是否能分清不同的问题包含着不同的意思。如果应答者分不清问题的差别，而设计者自己觉得很清楚，其实是没有意义的。如果应答者完全分不清"你对政府的服务态度满意吗？"和"你觉得政府可以信任吗？"两个问题有什么差别——研究者其实是用前者来测量政府服务绩效，用后者来测量政治信任——就容易产生内生性问题。所以说，指标设计并不是很容易的事情，要考虑很多因素。

这里想强调一下，实证研究者在设计测量某个概念的指标体系时，必须深刻理解概念（或变量）的本质、概念所指称事物的形成原因、概念所指称事物的政治社会后果这三者的关系和差异，不能将三者混为一谈。例如，目前国内外学界对权威人格的测量就存在这种问题。有的学者看来，权威人格的本质是个体对秩序和同一性的追求还是对自主性、个性、多样性的追求的问题，这种动机源于人类在演化过程中对遵从秩序、服从集体与张扬个性和自主之间的矛盾和冲突。个体在这方面的心理动机差异导致了权威人格的强弱。而权威人格的形成原因有心理层面的也有环境层面的。其政治社会后果往往表现为对民主和平等的排斥，对外来者、外群体的敌视，对社会多样性、社会变迁的排斥，在威权国家中则是对政府的盲目信任等。但是，关于权威人格的形成原因和社会后果，都需要通过实证研究来证实。不能想当然，更不能拿这些后果来测量概念本身。那么我们如何测量权威人格呢？此前的研究，包括早期的阿多诺等人的《权威人格》以及后来奥特迈耶对权威人格的测量和研究，在概念测量上都是模糊不清的，招致很多批评。国外有一些学者用个体的育儿价值观来测量，比如是注重培养孩子的独立性还是遵守秩序的品德等，我们则倾向于用社会生活中对诸如长者和上司的顺从、对权威的崇拜和服从以及对等级社会秩序的维护来测量。当然，如何测量仍有很大的讨论空间。再比如社会资本这个概念，学术界就用得很乱。帕特南的社会资本概念最大的问题就是没有把概念本身、概念指称的社会结果和其形成的原因分清楚。

政治学人：在美国政治学界，政治传播学一直是政治学方法论探索的前沿，比如加里·金（Gary King）及其团队的研究。研究方法也不断更新迭代：一方面来自大数据研究，计算社会科学的方法使得我们有条件获得更广泛的数据；另一方面，目前的社会科学研究也越来越注重进行严格的因果判断，实验与准实验的设计也越来越多。请问，您最近在这两方面有什么尝试吗？

马得勇：我们在大数据方面的尝试是有的，实验研究也有尝试。我的感觉是大数据可能在市场、商业研究方面更有价值，而在很多政治学的研究主题上有局限性。我觉得，可以根据目前美国学者写的一些文章，将其看作一个方向，做一些尝试是没有问题的。像国内部分学者就通过大数据的分析来对一些问题做因果推断，这是很不错的研究尝试。但这种因果机制仍然存在问题，有很多因果链条没有办法连接起来，只能是逻辑上的。我认为做政治心理和政治传播研究，做一些描述性分析时大数据是有用的，但很多因果关系的研究主题就没法用大数据。

就政治学领域的实验研究而言，虽然我们在实验研究方法上已经做了很多次尝试，但是现在做的实验设计相对比较粗糙，需要再精细化。国内需要大力发展在政治心理、政治传播领域的实验研究，希望国内越来越多的人关注和参与。

政治学人：我们也注意到，您以前写的文章主要以定量分析为主，不过最近您也写了不少定性的文章，您如何看待目前学术界的定量与定性之争？

马得勇：这是个老问题，继续讨论这个问题其实没有太大的意义。我想说的是，没有最好的方法，只有最合适的方法。定性也好，定量也好，选择最合适的方法是最重要的。

但是我觉得国内需要注意的一个问题是要避免伪定性研究和劣质的量化研究。劣质的定量研究就是堆砌一些数据就自认为是定量研究，事实上定量研究要有理论支撑和严谨的逻辑推理以及实证的检验。定性（或质性）研究，并不是没有数据就叫定性，定性也是有一套严谨的研究方法。当然定性的方法可以有很多种，比如说历史制度主义，它非常强调过程追踪、因果机制等。其他流派的质性研究也都有相应的方法和概念体系。至于你说哪个好哪个差，我觉得没有讨论的意义。

在选择研究方法时，我觉得三个因素最重要：一个是你的研究对象的性质，一个是研究资料的可获得性，还有一个是研究者的偏好。研究对象的属性，如果研究的是大问题、长周期的问题，比如国际关系里面的很多问题、制度或政策变迁等，这个可能用定性的方法就更合适。但是如果你研究的是当代大众的政治态度和心理，用量化研究就更合适。数据资料的可获得性是一个非常现实的问题，研究者不得不面对。比如说中国的财政政策的变化、改革开放过程中的农业政策的发展演变，研究者有没有可能接触到或采访到曾经担任过政策制定者的人、有无可能查阅到当时的会议记录等，都会影响你选择什么样的方法去研究。最后要强调的就是，研究者自己喜欢什么方法。这一点很重要，因为喜欢的话做起来会比较轻松，也容易有灵感。

政治学人：现如今历史制度主义相关的文章越来越多，但相对于分析来说探讨这个理论的反而更多一些。那么您觉得历史制度主义这套理论范式对分析中国的适用性如何以及是否有局限性？

马得勇：我觉得没有什么不适合的。这个理论范式可以用于解释中国的历史与当代的很多政策和制度变迁。它的局限性，我觉得主要是资料的可获得性。因为我们很多研究当代政治，包括历史，是拿不到很多资料的。这严重影响了历史制度主义的分析，因为历史制度主义要有很多历史资料作为证据。研究当代的政策变迁，也要对关键行为者进行具体的访谈来获得一些资料。而我们政府的公开信息又非常少，比如内部的一些决策过程，完全不对外公开，这样造成我们研究面临很大的障碍。这并不是说历史制度主义的所有概念、所有理论和所有结论都适合、都可以用来解释中国的历史或者现实。历史制度主义的一些基本的概念、理论分析范式在分析中国问题时很可能不充分和不准确。历史制度主义不是中国学者率先提出来的，但是中国学者可以对它进行修正。这也正是国内学者对现有理论做出创新和修正的机会。当然，前提是你得先把它弄明白，很多学者实际上没有真正看懂人家的东西，然后又急于创新。我觉得目前国内的理论创新为时尚早，我们不要操之过急，也不要过度自信。

政治学人： 政治学发展至今早已不再局限于单一学科，而与其他诸如经济学、传播学等学科产生越来越紧密的联系，我们应该如何看待这种倾向以及如何应对？

马得勇： 学科融合是一个很重要的问题，现在学科融合确实问题比较大。为什么没有融合呢？我觉得我们的不同领域、不同学科背景的学者彼此之间交流太少。为什么交流太少呢？我觉得有一个很重要的方面，就是我们对其他学科了解太少，所以没办法交流，因为我说的你不知道，你说的我不知道。要打通这种隔阂，首先一个重要的问题，就是要多看相关领域的研究成果，必须花很长的时间来积累相关知识。比如说社会资本，经济学、社会学、政治学都研究。那么你不能光看政治学学者的成果，也要看经济学、社会学学者的成果，这样才可以做到全面了解，才能彼此对话和交流。像政治传播也是，在国外，政治学学者和传播学学者经常彼此引用对方的成果，这也显示他们的知识面很广。我觉得国内这方面还比较欠缺，往往是传播学的学者没有政治学的基础知识，政治学学者不懂传播学的理论和方法。

政治学人： 说到年轻学者，想请您最后再谈谈，对政治学专业的本科生、硕士生、博士生，刚进入学术界或还有没进入学术界的年轻人有什么学习政治学的建议吗？

马得勇： 首先建议多读书和论文，特别是博士期间，我觉得很重要。如果有志于做研究，就不要着急毕业。要多花点时间，多接触多了解多学习，知识基础要打好。晚毕业一年，不耽误事。基础不打好的话，有很多人在博士论文发表完以后或者评上副教授以后就很难出什么高质量的成果。

另外一个建议是年轻的学者在定量和定性方面必须都要懂，而且在某一个领域要相对来说做得比较专。定性的研究方法比较杂，因为有时候定性的研究跟理论是联系在一起的，不同的理论意味着不同的方法。各种流派的质性研究差别挺大，但是你至少要会一两种。量化的研究至少要懂基本的几种统计方法，最起码会一种统计软件。哪怕你不写定量的文章，但至少要能看懂。我反对的是做量化研究的学者完全不懂定性的方法，做定性的完全排斥量化，这往往会使学者的思维和视野受到很大的局限。从我自己的经验来看，在看质性研究、量化研究的成果之后，会体会到两者存在着很大的差别，但也存在很多共性。这使我在思考问题时感觉视野更开阔了。

还有一点，就是做实证研究的年轻学者要走出象牙塔，多了解社会。很多人把做研究看作读书、写文章，我觉得这种情况不适合做当代问题研究的学者。实证研究要与研究对象有直接的接触，要多观察多调查社会。那些以问卷调查为基础的研究，如果没有亲自参与实地调查，面对面接触被访者，那么往往很难了解问卷调查的优缺点，很难理解问卷设计过程中可能存在的问题。在中国做政治学的调查和研究存在很大的障碍，这是实情。但这个研究领域能不能做，这种调查方法能不能用，这个问题能不能问，需要学者自己去摸索和试探。仅仅依靠他人做完的调查数据写论文，很难站在学术研究的最前沿。在这方面，学者不能脱离社会，不能有畏难情绪。不能打两次电话被拒绝了就放弃调查，也不能等着其他人做过以后觉得是安全的调查方式，然后自己才进行调查。为了收集到一手的研究资料，年轻人要有不畏艰险、吃苦耐劳的奋斗精神，也要有"一计不成，又生一计"的灵活头脑。

当然，我的研究方法建议只是针对从事实证研究的社会科学的

学者。对于政治哲学和政治思想领域，年轻人要怎么做研究则需要
另做探讨。

采访编辑：王志浩、徐佳怡
采访日期：2019 年 3 月 14 日

转型中国的城市化道路和群体命运

——对话熊易寒教授

编者按　自西方工业革命以来，社会剧烈变迁下不同群体命运的移民研究议题，受到社会科学领域的广泛关注。在城市化进程中，随着我国经济和社会结构的转变，城市移民与社区治理的制度、模式、技术手段等在中国治理体制的大框架内不断变化。在这一过程中，以户籍制度为核心的传统治理分类系统能否得以维持？如何理解农民工等群体的变与不变？国家扮演的角色又发生了什么变化？中国社会的自主性又处于怎样的境地？中国的移民研究又该如何借鉴西方的学术资源，做好扎根中国社会的研究？本期学人专访特别邀请复旦大学熊易寒教授，围绕我国在城市化进程中的变迁，分享他在移民和社会治理领域的研究成果与思考。

本期学者　熊易寒，复旦大学国际关系与公共事务学院教授、博士生导师、副院长，教育部长江学者特聘教授，复旦大学—上海市公安局平安建设与社会治理研究基地主任，中国政治学会青年工作专业委员会副会长，上海市人民政府重大行政决策咨询论证专家，国家社科基金重大项目首席专家，入选中组部 2018 年度国家高层次人才特殊支持计划青年拔尖人才。主要研究兴趣为政治社会学和比较政治学，近期主要关注阶层政治、社会治理和数字化治理。

政治学人：熊老师您好，非常感谢您接受"政治学人"平台的专访。您长期关注中国城市化进程下不同社群的生存状况，比如中产阶级、农民工及其他移民群体。我们知道，工业革命以来的社会变迁，催生了社会学、政治学等西方社科领域中的诸多重要理论。相比之下，您认为中国学者在从事转型社会研究时有何优势与劣势，或说机会与挑战？

熊易寒：我觉得很难笼统地说某个国家的学者具有什么优势或劣势。经常有人说，当代中国的学者非常幸运，赶上了一个巨变的时代，"百年未有之大变局"。学术研究要么关注变迁，解释同一个样本随时间发生的变化；要么关注差异，解释不同样本之间的差异。而中国最近40多年不仅经历了快速的经济发展和社会变迁，而且在制度创新的同时保持了高度的政治稳定。中国内部也存在丰富的异质性，南北差异、东西差异、城乡差异、阶层分化，这些都是绝佳的研究素材。但是，这是不是就必然带给中国学者以优势呢？我觉得不一定。当前的中国是一个开放的系统，外国学者同样可以方便地对中国开展实证研究。时空上接近研究对象并不意味着在现象理解和理论建构上就必然具有优势。不可否认，我们对中国大地上的事实的把握肯定是超越西方人的，但仅有对事实的掌握并不足以支撑理论创新，理论基于事实，但不是事实本身。关键是我们的理论储备是否充分，我们对现象的理解是否深刻，我们是否具有将中国经验转化为一般理论的能力。

政治学人：有学者认为中国治理体制的基本结构是"中央治官，地方治民"。您也在《移民政治》一书中指出，在中国，公民资格不是在民族国家的框架下，而是在地方政府层面进行配置，由此容易产生资源分配不平等、制度性歧视与社会排斥等问题。那么，为什么许多体制上不存在这种"地方性公民权"的西方国家同样出现了上述问题？其产生原因有何异同？

熊易寒：不平等的资源分配其实是一种普遍状态。在当代中国，户籍是进行资源分配的一个重要依据。户籍制度不是一个孤立的制度，而是与教育制度、社会保障制度、住房制度、就业制度等勾连在一起，构成了一项基础性的制度安排。换言之，中国的诸多制度都建立在户籍制度之上，户籍制度构建了中国社会最为重要的身份系统，而这一身份系统成为国家在进行权力配置和资源分配时的主要标准。在西方国家，虽然没有显性的制度性歧视，但存在事实上的歧视以及由此带来的不平等。以美国的种族问题为例，一方面种族平等已经成为一种政治正确，美国人在谈话中甚至会刻意回避肤色，拍电影也必须有不同肤色的演员，否则就会被质疑是种族主义；另一方面，美国在制度层面也有平权法案，在就业、教育等领域追求族裔平等。但我们也要意识到，政治正确话语中的"平等"并不是真正的平等，政治正确恰恰回避了不平等，因为政治正确是一种封闭的立场，拒绝讨论和争鸣。政治正确不是一种共识，而是一种禁忌，虽然禁忌也是有价值的，但并不能创造团结；平权法案不仅在正当性层面存在争议，而且在现实中远未达到预期的效果。各个国家都存在特定形式的不平等，但不平等的生成机制往往是不一样的，有些不平等是由制度和身份造成的，有些不平等是由市场和竞争塑造的。

政治学人：随着经济结构的转变，有学者认为目前中国已进入一个"超级流动社会"，这不仅意味着传统意义上的"流动人口"数量大大增加，而且表明"外来人口"概念内部也越来越复杂、多元。在此背景下，您认为中国以户籍制度为核心的传统治理分类系统能否得以维持？它该如何适应转型社会的变化？

熊易寒：我一直强调流动人口内部的差异性，不能把流动人口等同于农民工、穷人或者弱势群体。在"流动人口"当中，也有白领、中产阶级乃至企业主。流动人口的一个重要特点就是"不流动"，他们当中的相当一部分人已经在城市定居了。其实我国的户籍制度也不是一成不变的，伴随着市场化改革的调整和深入，从最开始限制人口流动，到后面逐渐适应人口流动，譬如积分落户制度、居住证制度，都是试图对人口的大规模流动做出制度性回应。但是，到目前为止户籍制度的内核还是没有改变，与市场经济体制的兼容度还不够。

政治学人：您在论文中提到一个很有意思的现象，即市场化服务与社区内部的"共同生产"存在替代关系；那些在社区之外拥有丰富经济、社会资源或其他私人网络的居民，通常对社区内部的关系网络并不感兴趣。在您看来，社区网络依赖的这种"阶级性"会给社区建设（治理）带来哪些挑战？

熊易寒：市场化服务与社区内部的"共同生产"存在替代关系，并不意味着无法兼容，所以我强调助推的作用。我们每一个居民都不是作为孤立的个体在决策，我们的行为都是在情境中发生的，因为我们可以通过情境的设置来诱导和改变人们的行为。我的调研发现，即便是非常高档的小区，有专业优质的物业服务，业主们仍然对社区公共生活存在需求，在特定的情境下，他们也愿意加入社区公共物品的"共同生产"。"共同生产"的本质是参与、联结而不是生产，最重要的不是结果，而是在"共同生产"的过程中与重要他人形成有意义的关联。在低收入社区，"共同生产"解决的是稀缺问题，邻里合作提供公共物品；在高收入社区，"共同生产"解决的是意义问题，邻里之间的互动可以让生活变得有意思。

政治学人：不少学者根据出生年代、年龄等因素，将农民工群体划分为所谓"老一代农民工"和"新生代农民工"。您如何理解农民工群体的变与不变？什么因素是影响农民工内部的不同代际群体特征（比如社会交往、城市融入意愿等）的关键？面对这些差异，国家对于该群体的管理策略又经历了何种变化？

熊易寒：我们过去把"80后"农民工称之为新生代农民工，但其实"80后"已经人到中年了，甚至他们的孩子也开始进入劳动力市场了。现在的新生代农民工应该是"90后"甚至"00后"了。不同年龄段的农民工，他们对所在城市的态度是有差别的。老一辈的农民工，年轻时在城市打工，年老就回到乡村了，他们的房产一般都是宅基地自建房；30—45岁的农民工，他们当中很多人都在老家的乡镇、县城乃至地级市购买了商品房，因为那里交通便利，公共服务体系相对完善。那些在农村长大的青年农民工，大概率也将做出类似的选择。现在的农村青年，如果仅仅在村里有房，通常是娶不到妻子的，往往还需要在县城有房。我过去的研究对象，十几年前的流动儿童，自幼在上海长大，他们也已经进入劳动力市场甚至生儿育女了，对他们来说，家乡是回不去的。即便老了，他们也不会回到老家，因为他们与户籍所在地几乎没有任何情感和文化上的纽带。从国家的角度来看，最重要的就是把流动人口管理制度转变为国内移民管理制度。

政治学人：正如您所谈到的，无论是现有的户籍制度，还是日益封闭化、阶层化的城市社区，事实上都在无形中塑造了一层壁垒，阻碍着农民工及其子女的社会融入，也使他们产生了城市"旅居者"的心态。从城市移民的政治社会化角度看，您是否会对中国底层群体的命运抱有一种较为悲观的态度？

熊易寒：谈不上悲观，学者首先是一个观察者、阐释者；其次，在力所能及的范围内，为底层发出一点声音，为社会进步出一点力量。

政治学人：您曾经撰文写到社区共同体的形成需要国家的"助推"，从而促进居民的人格化社会交往，而非依靠所谓的社会"自发秩序"。不过，也有观点认为，"社会失灵"恰恰是国家反复介入、过度干预所致。您认为，在传统社会向现代社会转型的过程中，国家所扮演的角色发生了什么变化？国家的"助推"是否可以真正重塑中国的国家—社会关系？

　　熊易寒：我们的观点并不矛盾。国家的"助推"并不是对社会进行"强干预"，即不顾社会的意愿将自身的意志强加于社会；"助推"是一种"弱干预"，使社区居民有了社会交往的动机，由此形成的现代熟人社区既是"自发"的，又是"诱发"的。所谓"助推"，就是不用强制手段，不用硬性规定，却能保证个体同时收获"最大利益"和"自由选择权"。这股轻轻推动个体做出最优选择的力量，就是"助推"。在"强干预"模式下，国家与社会是一种垂直关系，国家凌驾于社会之上，通过"看得见的手"来指导社会，社会服从或抗拒国家提供的"脚本"。而在"弱干预"模式下，国家与社会是一种平行但不对立的伙伴关系，国家通过创造特定的情境或提供某种激励来影响社会主体的行为，国家的角色更接近于田野实验（field experiment）的操作者，国家并不会向社会暴露自己的目标和意图，而是提供了一个特定场景的舞台，却没有任何明确的"脚本"，社会主体可以依据自身的利益和偏好进行"即兴发挥"，但实际上这种"即兴表演"在无形之中受到了舞台布景的影响。国家的"助推"行动能不能改变国家与社会的关系，是我目前的研究无法回答的：一则我观察的只是上海浦东的个案，这是非常微观的，从微观个案很难推导出宏观的结构性变化；二则国家的"助推"行为并不是地方政府的普遍选择。

　　政治学人：近年来，云计算、大数据和移动互联网等新兴技术正在与城市治理深度融合，而在基层社会，全新的社区治理模式也在探索中发展。作为深耕移民和社会治理领域的学者，您个人如何理解未来这些变化对该领域研究可能带来的影响？

熊易寒：大数据、云计算、移动互联网等新技术会对城市治理与社区治理带来深刻的影响。我个人对这样一些问题感兴趣：一是智慧社区对邻里社会资本的影响。信息化技术会增加社区内部的人际联结，还是会进一步消解邻里之间的社会交往需求？二是新技术如何改变国家与社会互动的方式，特别是对于国家能力和社会团结的影响。三是新技术对政府内部条块关系、条条关系的影响，新技术会不会提升政府协同治理的能力。

政治学人：最后想请您谈谈有关研究方法的问题。您觉得移民研究如何借鉴西方政治社会学的传统理论、范式和方法论等学术资源，提出真正具有理论和现实意义的问题？对于有意在今后和您一样"以学术为业"的青年学子，现阶段应如何提升自己的研究能力，做好哪些准备？

熊易寒：这个问题很难三言两语讲清楚，我觉得一是要有足够的理论储备，学术研究光靠聪明和想象力是远远不够的，必须对前人的研究有深入的理解；二是对新问题、新现象保持足够的敏感，这种敏锐度会激发我们的创造力和想象力；三是要有系统的研究方法训练，我是一个方法论多元主义者，我认为优秀的学者应该对质性研究、量化研究都有一定的掌握或了解；四是保持对研究工作的热爱，劳逸结合，但不要半途而废。现代学术体系不需要研究者有多高的天赋，中人资质就够了，最重要的是持续不断的努力。研究生要享受自己"无名"的状态，这个状态对于做研究是特别好的，你可以不受关注地进入调查现场，从而不会破坏田野的"原生态";你有大量的可以自由支配的时间,可以心无旁骛地聚焦于研究工作。

采访编辑:周子晗

采访时间:2020 年 11 月 19 日

小社区里的大时代

——对话吴晓林教授

编者按　社区是城市治理的基本单位，社区治理也成为城市治理的落脚点和着力点。中国的社区建设起步相对较晚，理论和经验都存在不足。如何在瞬息万变的城市发展中实现社区的善治？我们应如何建构基于中国实践的社区治理理论？本期访谈对话青年学者南开大学吴晓林教授，与读者共同领略社区治理研究的魅力。

本期学者　吴晓林，南开大学周恩来政府管理学院教授、博士生导师。南开大学政治学博士、牛津大学联合培养博士生，中央编译局博士后。兼任中国政治学会青年专委会副会长，南开大学中国政府与政策联合研究中心研究员。主要从事城市治理与社区建设、政治发展等方面的研究。在 *Journal of Urban Affairs*（SSCI）、*Asian Survey*（SSCI）、*International Public Management Journal*（SSCI）和《政治学研究》《中国行政管理》《公共管理学报》等国内外刊物发表论文 80 余篇，著作 3 部，在《人民日报》《光明日报》《学习时报》等发表时政评论百余篇，多篇论文被《新华文摘》、《中国社会科学文摘》、人大复印资料全文转载，多篇咨政报告获得中央领导批示。

政治学人：吴老师您好，非常感谢您接受"政治学人"平台的专访！我们很想知道为什么近些年您一直专注于做社区研究？是怎样的机遇促使您走进社区研究这一领域？

吴晓林：说实话，我之前是排斥做社区研究的。我读书的年代，社区研究的文献就已经够多了。读硕士的时候，身边有同学做社区方面的题目，我甚至有所不解，心里想这么多人做社区方面的研究，咱能做出什么花儿来？！我真正准备做社区治理研究始于我的博士后报告选题。

当时在中央编译局做博士后的时候，俞可平老师问我们想做什么题目，我本来想接着博士的题目继续做关于"政治整合与政治发展"的选题，俞老师说不行，不能重复做博士期间的题目，我得看到你们新的成长。我再回答，我就接着博士期间发表的第一篇关于"中国领导小组"的文章，继续深入研究小组政治吧。当时，领导小组还没有像现在一样有这么多公开资料，还是党政机关里面比较"隐秘"的机构和机制，因为难以获取研究资料，也只能放弃。

后来，俞老师在与我们探讨的时候，列出了30个中国改革发展要解决的问题。我看来看去，题目大多高大上，对我而言，要做其中的题目，主要有两大难题：一是，大多难以获取研究资料；二是，进行田野调查实在太难。选来选去，最终还是定了社区方面的题目。为什么？一个简单的理由就是，社区容易进场，到处都是社区，容易做田野调查。

确定选题以后，我一个暑假都待在办公室，夜以继日，就是要把这些汗牛充栋的社区研究的文献一网打尽，从头到尾看、做笔记、做综述，为后续的研究打好基础。那个时候还少年意气，"蓄须明志"，不读完誓不罢休。有的时候读到大半夜，办公楼的门都关了，我就直接睡在办公室。

几乎用了两个月的时间，我读完了社区（当时叫社区建设）方面的所有文章（CSSCI），做的综述后来也发表在《公共管理学报》。通过阅读，我大致摸清了国内研究的现状，需要继续努力的方向也基本明确。比如，其中有一个认识，至今都受用，就是社区治理（建设）方面的研究，"结构化—过程性"的研究少了，动态化的研究少了。不能蒙着头，照着社区和街道贴的流程图就去写论文了，关键是这样那样的图、这样那样的模式究竟是否在运行、怎么运行，什么样的机制在支撑它运行，搞不清楚这些过程和机制，研究可能就浮于表面了。

所以，得空我就跑社区。每次去社区调研，总能看到新东西，一切都是鲜活的，令人兴奋。我想，这一点，最起码比我做其他研究更容易拿到资料、更容易做田野调查吧。那就，拥抱社区，拥抱田野吧。

政治学人：您觉得从政治学和公共管理学科研究社区，与社会学、社会工作等学科研究社区有什么不同？

吴晓林：起初，国内各个学科之间关于社区的认识是有较大区别的。比如最初在用"社区建设"这个词的时候，政治学和公共管理学的学者们更多从"国家政权建设"的角度认识社区，林尚立教授就将社区视为国家政治发展的"新的生长点"和战略空间。

对于社会学的学者们来讲，就有点不一样了，大家清楚，社区这个概念首先来源于社会学学者。中文里面的"社区"概念最早可以追溯到20世纪二三十年代的吴文藻先生、费孝通先生，最初的意思就是从滕尼斯和帕克那儿来的，简单来说就是"守望相助的共同体"。

因而，社会学学者关注社区的角度首先是从社会本身出发，主张建构小型社会共同体。大家感兴趣的话，可以去看看2000年中共中央办公厅、国务院办公厅转发的《民政部关于在全国推进城市社区建设的意见》中，对于社区的定义就是"聚居在一定地域范围内的人们所组成的社会生活共同体"，这一定义受到了社会学的很大影响。

可以说，最初，国内政治学（我后面讲的政治学也包括公共管理）学者与社会学学者因为研究视角不一样的原因，确实出现过"国家中心论"和"社会中心论"的差异。但是，后来的政策和理论慢慢地就有变化了。

关注政策的朋友，可以去找政策文本看一看。在中央层面，一直到 2006 年十六届六中全会《中共中央关于构建社会主义和谐社会若干重大问题的决定》和 2007 年党的十七大报告里头再现"共同体"概念，在前面增加了三个定语——"管理有序、服务完善、文明祥和的社会生活共同体"，再后来"共同体"的提法就很少见了。到 2017 年的"中央 13 号文"（《中共中央 国务院关于加强和完善城乡社区治理的意见》）则将其改为"和谐有序、绿色文明、创新包容、共建共享的幸福家园"。

我想，从社会学最初对社区的启蒙开始，越往后，决策者和理论研究者对于社区的定位愈加清楚。那就是，在当下中国或者在世界其他地方，建设滕尼斯那种守望相助的共同体几乎是不可能的。为什么呢？滕尼斯所处的时代和现时代面临的情境都不一样了，滕尼斯之所以界定了社区与社会的区别，重要的背景是看到社区共同体遭遇工业化的种种冲击，看到了共同体的危机。

实际上，滕尼斯的著作里，也没有强烈地主张说要保卫或建设共同体。至于其是保卫社区还是怀旧社区的想法，则内隐于心，无从考察。这一点，国内的研究者们尤其要注意。

我们团队近来做了一个基础性的工作，抽样阅读了 819 篇英文社区研究文献，这些文献都是在英文世界里有影响力的，结果大家想不到，与国内学者动辄提"滕尼斯"不同，只有 14 篇文章，也就是 1.7%的英文文章提到滕尼斯的概念，而且即使提到也不都是赞同的。英文世界里对"社区"的概念认定是十分多元的。20 世纪 50 年代，美国社会学家希勒里（Hillery）就总结了 94 个社区定义。其实，麦克弗尔（MacIver）在 1917 年出版的著作里，就提出社区应被视为"共同生活的任何领域",按照这个定义,单位是社区,班级是社区,社团是社区,一起出去郊游也是社区。这种理解跟我们现在对社区的理解是不一样的。

很明显,英文文献立论和讨论的基础并非从滕尼斯的概念开始。相反,国内的相关研究仍然需要"去魅""去滕尼斯迷思"。20世纪初的时候,英文世界已经认识到,在工业化进程中守望相助的共同体样态几乎不可能,因为传统社区的很多功能已经在社区以外完成了,比如,经济功能大多是在社区以外完成的,交往功能也存在这个情况。大家只需要问问,你的交往圈子在哪里就行了。

所以,对于社区的认识,要把这个起点搞清楚。搞不清楚这个起点,恐怕就会在社区治理中做无用功。当前,一些地方在社区治理中存在"用力过猛"和"用力不足"的问题,例如对社区参与存在不切实际的预期,原因就出在对社区本身还没有搞清楚,对社区需求还没有搞清楚。好在,我们的决策者并没有执念于"共同体",而是以"幸福家园"来替代它。

在理论上,大致也是从2006年十六届六中全会发布《中共中央关于构建社会主义和谐社会若干重大问题的决定》以后,政治学与社会学的社区研究逐渐合流,二者也逐步取得一致,那就是离开政府和社会任何一方,社区建设都不可能成功。离开政府行政管理与社区自我管理的互动,社区真的不能自为,或者还达不到自为的条件。到社区治理的话语流行以后,偏向于"政权建设"还是"共同体建设"的某一端的研究和认识,在学界已经不那么明显了。

反倒是,从事社区工作的一些一线工作者和决策者,对于"共同体"的概念用得较多。这一方面反映出,我们一线的工作者是读书的、思考的,但是社区的知识供给还没有跟得上;另一方面,咱们社区(居委会)确实承担了太多行政工作,基层工作者在思想认识上确实有一定的抵触与反弹,"共同体"成了保卫自我的一个理论工具。

目前来看，要说社区研究在学科领域上有什么不同，我看是趋同大于不同。特别是社区治理话语滥觞以后，大家都在谈多元合作。非要说有什么差异，可能政治学界、公共管理学界更注重社区的权力结构，社会学更注重社会组织。社会工作因为专业化的原因，确实是聚焦于社会工作者、社会工作方法，与前两者的差异较大。

政治学人：2019 年我国将迎来中华人民共和国成立 70 周年纪念，70 年斗转星移，中国的城市建设已经走过了漫长的发展历程。您曾在文章中提到"大国治理需要从小社区做起"。那么，您认为社区治理与国家治理之间存在着怎样的联系？社区治理的研究又将如何回应中国国家治理的现状及发展呢？

吴晓林：长期以来，我们国家与西方国家不同的一个地方在于，我们是将社区作为"社会建制"单位，甚至是行政区划单位来看待的，也就是说，社区一定是与地理区域连在一起的。在城市，要说去个什么地方，往往就是去什么小区、什么社区，每个社区都有居委会在那儿作为一个统合性单位。在西方，这个就比较难理解了，你去找一个社区居委会是比较难的，不是每个居住区域都有这样一个建制组织。顶多偶尔能看到 Community Council 这样的牌子，但并不是普遍的。

所以，对于中国而言，社区至少有双重意义。

第一，国家向下延伸的建制单位。社区承担了中国千百年来社会管理的基本意志。要知道，社区这种建制在古代就已经存在了，前段时间比较火的《长安十二时辰》里面就讲唐朝长安是 108 坊，都尉看到哪里出了事，要问责里正，这就是古代的"属地管理"，里正就是居委会主任啊。再往前追溯，春秋战国时期就有"里"这个建制，《尚书大传》中记载到"八家而为邻，三邻而为朋，三朋而为里"，也即 72 户为一里。《管子·度地》则说"百家为里"。

迄今，北京、天津还有一些社区叫作"某某里"，南开大学西门就有龙兴里、龙井里、龙腾里等一些社区。"里"的建制得到全面继承的是在我国台湾，台湾地区的村、里也基本是居住单元与行政区划的合一。（但是，有一点要搞清楚，台湾地区的社区并非指"里"，而是在村、里成立的社区发展协会，这一点跟西方重社会组织、意愿团体的定义是较为一致的。）

第二，居民居住区。我常常讲，要做社区治理，首先要搞清楚居民的需求是什么，居住是居民的首要需求，安身立命、安身立业嘛。有了居住单元，大家聚集到一起来了，就会在有限的地理单元内，发生各种关联，表现出各种诉求。也就是说从任何一个单维的切面去看社区，肯定是有偏颇的。

既然中国有在基层设建制单位的传统，再加上中国共产党有"政权下乡""支部建在连队上"等基层建设的传统，就不难理解，为什么社区治理被视为"党的执政基础""党密切与群众联系"的工作了。当然，这是从执政党的角度来看社区。如果从整个国家发展的角度来看，那么也一定会得出不同于"就社区而言社区"的判断。我觉得，社区之所以重要，至少包含三层意思：

第一，社区虽小，连着千家万户。这是习近平总书记讲的，讲得很对。国家与社会接触面最广的就是社区，老百姓对国家的看法、与国家权力打交道，很多时候始于社区层面，如果社区治理不好、社区提供不了很好的服务，老百姓对于国家的看法、对于正式权力的看法可能就不一样，这就是为什么说国家植根于社区。从这个意义上说，国家权力延伸与社区居民需求的满足是同一个问题的两面。

第二，社区如何治理，关乎城市治理，关乎国家治理的未来走向。我举个例子，同样是建一个小型公园，包给一家公司效率很高，结果可能老百姓会背后骂娘，怀疑有猫腻。如果政府把预算公开交给老百姓自己来做，效率可能低一点，但是老百姓参与进来了，知道钱是怎么花的，而且在建设过程中讨论、协商，建构了公共领域，这样的行动多了以后老百姓的主人翁感、责任感就会强，这就是社区治理该有的状态。1929年的时候美国城市规划师佩里（Perry）就讲——社区的重要性在于它是养成公民能力（civic capacity）、锻炼公民技能（civic skill）的重要单元，当这种参与成为一种常态，积极的公民在社区养成，整个国家治理的面貌将会得到改变。

第三，社区治理在中国尤其凸显为"社会再组织化""社会再整合"的意义。我们明白，新中国成立后，中国共产党人先是建设了一个"单位制社会"、阶级社会，这本身是一个了不起的工作。孙中山先生曾把旧社会的中国人比喻为"一盘散沙"，在中国共产党人手里，这个局面得到了前所未有的改变，"单位制"建制发挥了特殊作用。我把单位制社会视为新中国成立后的"第一次社会建构"。

但是，改革开放以后，单位制逐渐退出历史舞台。社区被选择作为"单位制"的继替组织。但是，社区真的能够发挥"社会建构"或"社会再组织化"的功能吗？目前来看还挺难，一是没有共同的利益基础，居民的经济需求基本在社区以外满足，二是，缺乏单位制时代的强大动员能力。但是，千万不要忘了中国共产党的角色。现在从中央到地方都在强调党委领导、社区党建，社区党建难道仅仅是为了组织建设？不能这么单纯地看，中国共产党在社区作用的发挥，实际上既是组织建设所需，又承载了一个百年大党对中国基层社会建构的百年理想——第二次社会建构还在路上。

所以要问社区治理与国家治理的联系，我想套用并且补充一句话——有什么样的国家治理就有什么样的社区治理，反过来，有什么样的社区治理就会有什么样的国家治理。再简化一下就是，小社区是大国家的缩影。社区治理是国家治理的基础环节，社区治理转型是国家治理转型的撬动点。

政治学人：城市社区的善治需要好的治理策略，而城市社区治理的研究则需要合理的研究范式。您曾多次在文章中提及"结构—过程"的分析范式，这种对"过程—事件分析"与"结构—制度分析"范式的有机衔接，您认为它实现了怎样的超越？立足中国国情，其在国内社区治理研究中具有何种解释力？

吴晓林："结构—过程"分析范式是一种方法论层面的东西。我最初做文献梳理的时候，就发现，咱们的一些研究还未深入，静态化的描述挺多，至于是如何运行的，则很少讲明白。一些研究者似乎也看到了这个问题，但是马上去拥抱"事件分析法"，所以我们会看到，在一段时期内，描述一个事件或者行为的文章实在不少，这比静态化的描述有所进步，但是仍然不能触及问题的根本。我想，这大概是方法论出了问题。咱们做社会科学研究的，到底能够贡献什么东西？可能最基本的就是发现一个新的现象，或者提供一种新的解释；第二个层面是提供一种方法论；第三个层面就是提出理论、理论建构。如果我们仅仅满足于对某个具体事物的解释，把其中的小因果关系找出来，越做越微观，越做越精细，那是出文章的路数。你会发现，做来做去，套路摸熟了，文章发了不少，研究贡献到底是什么？说不清楚。研究层次和格局都在原地兜圈圈。原因是什么？缺乏大的结构关怀，对于普遍性的制约因素视而不见，甚至不愿看见。这两年，朋友圈里时不时会转一篇英文文章，题目很粗暴却有力道，叫作"Fuck Nuance"（*Sociological Theory*，2017），其实就是在批评西方学界一些研究丧失大问题、大结构关怀的问题。

我这几年重读马克思、恩格斯的经典著作，发现马恩是结构化分析的大师，当然他们是偏重于宏观的社会结构分析，这样对于整个社会发展才有大的关怀，也有深刻的判断和理论建构。在国内，不少学者是重视结构化研究的，政治学界很多前辈的研究就是结构化的视野、过程化的视野。在公共行政学领域里，马骏老师发表过一篇文章《公共行政学的想象力》，写得很棒，他批评公共行政研究有管理主义、知识自我殖民、经验主义、哲学贫困等四重障碍，主张发展包括"大结构的想象力"在内的五种想象力，很有力道，发人深省。我在梳理社区治理研究文献的时候，就认为要做好"过程—事件分析"与"结构—制度分析"范式的有机衔接，不能各自把立场封闭起来，不要认为别人的主张一定就是错的。大家想想看，离开结构，行动过程的激励和制约条件在哪里？同样，离开行动，结构就是死的，一成不变的，就是过去 Parsons 的"结构功能主义"主张，一切都按照预期来，有这个结构就会发挥这个功能，那这个世界还不到处歌舞升平？实际上并不这样嘛，后来冲突论就对他发起了有力冲击。所以，结构与过程必须是两相依赖的。方法论的适用性不局限于某一个研究领域。我当时发表了《结构依然有效：迈向政治社会研究的"结构—过程"分析范式》一文（《政治学研究》，2017 年）。对于这个方法论的认识，确实是在社区治理研究中使用和检验的。我觉得重视"结构—过程"分析，最起码会让我在研究过程中发现隐藏在事物、模式背后的主体关系是怎样的，各个主体关系是如何互动的，而不是仅仅提炼一套做法、阐述一种经验。

政治学人：从您的研究来看，当前我国社区治理方面存在哪些亟待研究的问题？

吴晓林：亟待研究的问题还有很多，我想从两个方面来讲。从本体论和认识论的角度，第一，可以还原社区本身到底是什么的"元问题"。我们真的不能动不动就"滕尼斯"了，滕尼斯确实有贡献，但是不能那么毫无保留地拥抱滕尼斯，滕尼斯只是社区治理研究中的一个典型人物，而不是全部。对于中国而言，首先要搞清楚居民对社区的需求是什么，国家的需求是什么，当下的需求是什么，未来的需求是什么，这是我们推动社区治理实践的基础。第二，抓紧从社区治理研究转向"社区治理体系建设研究"。在中国"就社区治理而言社区治理太难"，很少有部门的业务不延伸到社区、不涉及社区。近年来成都市在开展社区治理改革方面成绩突出，他们此前梳理了一下，涉及社区治理的部门达 46 个之多，不是"九龙治水"，是"四十六条龙"，很多时候各干各的，民政部门有的时候理念比较先进了，在其他部门却很难推动，每个部门都想干出点成绩、创新，结果任务都压给了社区，这个很麻烦。因此，什么是社区治理体系、如何建设社区治理体系，必须得到很好的研究。第三，社区治理的各类衍生问题。比如我们国家到处扩展的封闭社区，西方国家难以出现、在中国却不少的超大社区，即不同类型的社区面临什么问题，背后的原因是什么？再细致一点，社区的空间规划问题、建设问题、管理问题、交通问题、安全问题、环境问题等等，都值得细致研究。我就不展开了。从方法论角度来看，社区治理到底可以透视什么样的治理逻辑？透视中国治理转型的什么规律？在什么意义上，社区治理是关乎政治社会发展的？能不能以社区为支点撬动政治社会层面的某些变革？这都是"小切口、大问题"。所以，社区虽小，理论不小。

政治学人：我们了解到您在博士阶段是南开大学与牛津大学的联合培养博士，现在仍兼任剑桥大学 *Journal of Cambridge China Studies* 编委，平时研究中也颇重视国内外社区治理研究的比较分析。那么，您如何看待中外城市社区治理研究的现状及其差异？

吴晓林：我从去年下半年开始筹备中外社区概念、社区治理理论比较研究，用了半年多时间阅读中英文文献，也建了中西方文献的数据库，不过还没有产出细致的研究结果。但是，初步有几个印象可以分享。出于所掌握语言的局限，这里的国外文献主要指英文文献。国外社区治理研究经历了几个阶段，从最初的芝加哥学派的"社区生态学"到"社区权力结构"再到"社区复兴运动"。一路走来，西方学界的认知从最初的"社区自为"转向到"合作治理"，突破了"国家无涉"的传统认识局限，也强调发挥国家功能。这一系列变迁与西方国家经济社会发展、与整个公共管理运动的兴起相耦合，社区复兴运动以来的种种主张，反映西方国家新自由主义与社群主义的调和。这一点对西方国家自己而言是一个巨大的进步。要说我们中西方的研究方面有什么差异，我初步想有这么几点：第一，宏观与微观的差异。国外的研究日益微观，差异化也很大。比如社区治理的社会资本、心理赋权、学习机制、社区风险、生态治理等，都是他们目前研究的重点。与他们相比，我们的研究仍然比较宏观。这当然与发展阶段密切相关。第二，研究对象的差异。西方国家面临的主要问题是"社区复兴"，普特南就讲过西方的社区资本衰落了，我们国家面临的问题仍然是"社区建构"的问题。西方国家是重新寻找社区自组织、社区志愿精神等传统中就存在的公共领域，我们更多是如何建构出这样一种公共的而非"自私的"领域。所以，研究对象上本身就有差异。第三，研究视角的差异。同研究对象相关联，我们既然仍然处于"社区建构"的阶段，从党和政府角度出发，研究到底如何建设、到底如何发挥党和政府的作用、到底如何支持和培育社会组织，是国内研究关注的重点；在国外，尽管学界也重视国家的"元治理"的作用，但是仍然将侧重点放在社会本身，这也与他们对社区的认识（侧重于从社会组织的角度认识）相关。

政治学人：社区治理研究是一种典型的实证研究，您觉得当前走向一手资料的实证调查研究对于政治学或公共管理学科有怎样的意义？

吴晓林：社会上有那么一点声音，说政治学和公共管理的研究不接地气，其中一个主要原因就是我们不做田野调查。我想，这些看法未免过于简单和武断。

一是，社会转型期，需要有理论指导和理论研究。学界有那么一批人从历史的、比较的、理论演绎的角度出发，去研究大理论问题，本身无可厚非，也是这个时代所需要的。

二是，在一些微观领域，越来越多的学者借助模拟实验、数据统计、模型构建等方法来研究，已经取得了不少好的研究成果。

三是，政治学和公共管理研究的主要对象是"有权机关"，能不能做田野调查和如何做田野调查，这个还真不取决于研究者想不想做田野调查。我们为什么会觉得有一些研究接地气，一个重要原因是，那些研究本身就容易进场，容易拿到一手资料。

一手资料对于社会科学而言，非常之重要。我曾听一位很有名的学者讲过一个事情，就是有海外背景的学者来应聘，文章发了不少，数据做得漂漂亮亮，模型做得也高大上，但是细问一句就破功了——"咱们这个业委会在实际中是怎么运行的?"答不上来。无数据不研究、无模型不文章，这反而走向另外一个极端，所研究的对象、问题缺乏温度。一个重要原因在于，缺乏一手的田野调查和资料收集，把对世界的体验权、解释权让位给计算机了。

所以，我有时感到有点小幸运。就是社区这个领域，最起码能够比较容易地拿到一手资料。事实上，随着时代的发展。我们获取一手资料的渠道正在增多，空间也逐步扩大。比如，我们在做调查的时候就会发现，越是想做事、想成事的党委和政府部门，对于学者、研究者的期待越是发自内心，他们在做决策时，真的希望借助学者的智慧。他们在出台政策或者做决策的时候，真的会问，我们的理论依据在哪儿? 进而，越来越多的决策咨询机会、研究咨询机会向学者们开放，这对于学者们拿到一手资料都是好的机会。

一手资料和实证调查，最起码会让我们近距离观察实践，冲破理论与实践中间的那层纱，让理论更多地汲取实践的养分，让理论变得鲜活，让理论更有说服力，也让实践检验甚至更改我们的一些理论认知。

政治学人：您觉得什么样的研究可以称之为关于"城市治理"的研究？"政治学人"团队在编务工作中经常看到很多关于城市的研究，关于环境、规划甚至交通等，城市治理好像也变成一个"筐"，在学科交叉合作中有些迷失？

吴晓林：我只讲我个人的一些浅薄的看法。城市治理是一个交叉性的研究领域，不是一个有严格界限的学科。

有人从治理理论出发研究城市治理，这多半是从政治学、公共管理学科来的；有人关心城市交通问题，多半是来自交通管理专业的。我前段时间做了一个超大社区交通问题的研究，就联合了交通专业的学者；做城市公共交通安全的研究，也联合了公共卫生专业的学者。以此类推，研究城市环境、城市生态、城市经济、城市规划的很多学者，大多本身不是出身于政治学、公共管理的。各自仍然归属于所在的学科。对于这个事情，可以抱开放态度。大家都是为了让城市更美好，目的是一样的。

至于如何评价这些研究，我个人觉得，还是要接受各自从属的学科去评价，毕竟，城市治理就是一个研究领域。

政治学人：最后，您能否透露一下您近期的研究进展和动态？同时，也想请您为未来有志于社会科学研究，尤其是城市治理研究的学人们，提出一些建议。

吴晓林：这个问题，我不好多谈。谈谈个人的一些体会。

我的研究一向是两条腿走路，一方面是大量的实证研究，另一方面是理论研究，实证研究一定要上升为理论、与理论对话才有生命力。

我最近的研究，一方面，仍然在做关于我国社区发展、封闭社区与城市治理的关系、社区党建、社区治理体系方面的研究，积极地在全国范围内开展问卷调查和实地调研，有点本体论的意思；另一方面，关注理论，我的一些实证研究出自我对"政治发展"这个理论主题的关怀。二者之间看似距离不近，但是密切联系。

比如，我近几年回到马克思、恩格斯，我在看他们是如何看待"Community"（共同体）的，在他们的眼里，共同体就是未来政治社会发展的目标，这与我们当下的社区治理是如何关联的？再比如，我在做社区研究的时候仍然会去看，国家与社会关系的调整是如何的？权力结构是怎样的？是否符合政治社会发展的方向？这些都是终极命题。

任何研究都要有理论关怀、社会关怀。做城市治理研究或者社会科学的任何一个问题，都要回望和前瞻所关注的理论问题是什么，属于哪个大问题的分支，它的根在哪里，而不是局限于一个终端问题的解决。当然，谋生型学术除外。

人的一生是有限的，想研究的问题很多，关键是能不能找到持久关注的理论，所做的研究是不是我们关注的理论的支流。我尤其感谢我的授业恩师们给予的思维启迪和身体力行的示范，感谢所读文章之师的学术养分。我们对一些问题的把握，应该在一个体系内，套用一句话，"深挖洞、广积粮"，连接整个大时代，可能更好。我讲得不对的地方，大家多多指教。

采访编辑：曾泽栎

采访时间：**2019 年 8 月 30 日**

中国政治研究的国家、社会与个体

中国政治发展的比较视野和话语变迁

守望民主

——对话佟德志教授

编者按　民主作为政治学领域时谈时新的热门话题，历来受到人们的普遍关注。从学术研究的维度出发，如何就民主理论与其他课题的研究侧重达成兼顾十分重要。此外，对身处研究焦点的民主理论而言，面对不同派生议题时取得协调沟通亦是重点。单就具体研究而言，如何坚持"中国立场"的研究初衷，并以民主研究服务中国政治建设等问题均值得揣摩深思。"政治学人"平台对话天津师范大学佟德志教授，希望能通过本次访谈使读者获得关于政治思想史的研究前景、关于民主守望背后深沉的研究情怀和学人坚守、关于"中国立场"的研究初衷的新的启发与思考。

本期学者　佟德志，天津师范大学政治学教授、国家治理研究院院长。担任国务院学位委员会学科评议组成员、教育部高校政治学教指委委员、中国政治学会副会长等职。先后入选多项国家重大人才计划，完成国家社科基金重大、重点、委托、青年项目等多项项目。被评为国家级教学名师，主持建设国家一流专业、国家一流课程、国家重点教材。先后出版专著 4 部，主编、翻译 20 多部，发表论文 200 多篇，获得教育部与天津市科研和教学奖励十多项。

政治学人：佟老师您好，非常感谢您接受"政治学人"平台的访谈！我们了解到您在攻读硕士学位期间便在国内权威期刊《政治学研究》上就电子政务相关研究发表了高水平论文，而后在博士及从教阶段又逐渐转向西方政治思想史和民主理论等相关课题的研究，可否简单谈谈何机缘导致您做出跨度略大的研究选择？同时，就不同研究方向的"兼顾"而言，上述相关研究经历带给您的最大感触和体会是什么？

佟德志：首先谢谢"政治学人"平台的采访。在攻读硕士学位期间，我在《政治学研究》杂志上发表了《电子政府的信息过程及分析》一文。这是我较早的一篇文章。想想当时的情景，再想想现在，对于这些年中国学术界的沧桑变化，确实有很多感慨。记得那个时候，在我拿到的编校稿上，《政治学研究》杂志编辑还写了一些话，非常客气，让我认真校对。对方并不在意我只是一个硕士生，我们之间也不认识，只有很纯粹的学术探讨。这很朴素，但很真诚。可惜，今天，我们离它有些距离了。

说起跨学科研究，其实当时没有什么意识，只是凭兴趣。我在上本科的时候就对计算机感兴趣，计算机课的成绩是我大学所有成绩当中在全班最高的（可能只有这一门是全班最高的）。读硕士的时候，做相关的学术研究，环境也很宽松，没有人要你必须做什么。当初徐大同先生带着我们去吉林大学访学的时候，我还拿着这篇论文向周光辉老师、张锐昕老师等前辈请教。当时电子政务的研究才刚刚开始，而且很热门。我的一位师兄还劝我继续做下去，要写中国第一本电子政务的书。那个时候，确实没有以电子政务为名称的专著或教材。当时对电子政务的研究不过是一种兴趣，一直到现在，我还保持着对信息通信技术的兴趣。后来在《中国行政管理》等杂志上发表过一些文章，还在高等教育出版社出版过一本《电子政务原理》的教材。

可能这里的顺序有点儿颠倒。不是我先做电子政务的研究再转向西方民主思想史，尤其是民主理论研究，而是我一直在做西方民主理论的研究。我在本科的时候就喜欢西方政治思想史，丛日云教授讲授的"西方政治思想史"，我听了两遍，深深地为西方政治思想史所吸引。读硕士以后，就一直在天津师范大学学习西方政治思想史，讲授西方政治思想史、当代西方政治思潮等课程。我硕士学位论文是在吴春华老师的指导下完成的，主题是美国改革时代的民主思想。博士论文是在徐大同先生的直接指导下完成的，主题是西方政治思想史上民主与法治的基本理论。之后，我又在王浦劬先生的指导下完成了博士后出站报告，主题也是西方民主。后来又在人民出版社出版了《在民主与法治之间》和《现代西方民主的困境与趋势》，这原本是我的博士论文和博士后出站报告。徐大同先生"教学问、教做学问、教做人"的指导对我产生了深刻的影响，而王浦劬先生对我做学问的鼓励则让我受益终生。

我也做了一些西方政治思想之外的研究，如中国民主。我和高建老师一起主编了"中国民主丛书"，包括《中国式民主》《基层民主》《法治民主》《党内民主》《协商民主》五卷，这是一次尝试，是在改革开放 30 年的时候完成的，效果还算不错。后来，我主持完成了"恩格斯合力论与当代中国民主政治发展"的国家社科基金重点项目，主要研究中国民主，之后很多中国民主研究的成果都是围绕着这一课题展开的。2016 年，我获批了国家社科基金重大项目"基于四个全面的国家治理战略"，对治理进行研究。2018 年，我也获批了"四个一批"重大项目，对基层协商民主进行研究。同时，我还做了一些民族、话语体系的研究，加上我之前做的电子政务的研究，这些研究看起来似乎头绪比较多，但都是围绕民主展开。在研究国家治理时，我主要侧重民主治理；在研究民族时，我主要侧重民族与民主的关系；在研究话语体系时，我也是侧重民主话语体系的研究。即便是电子政务，我的兴趣点也是跟民主相关的内容，如信息通信技术对民主的作用与影响。如果说有一点体会的话，我更倾向于以问题为中心的学术研究。于我而言，就是围绕着民主的问题展开研究。当然，我并不主张学术研究必须规划得非常严谨，一定要在某一领域做得很深。扎根学术研究一定要有兴趣，如果有广泛的兴趣，涉足的领域较多，可以从多个角度进行思考，用多种方法来进行研究，可能会有更好的效果。

政治学人：天津师范大学是国内西方政治思想史的研究重镇，您可否谈谈自改革开放以来贵校在西方政治思想史研究方面取得了哪些成绩，或者说形成了哪些研究传统？同时，就西方政治思想史研究的未来发展而言，又有哪些问题和方向值得我们努力开拓和耕耘？

佟德志：2018 年，我们主办了"政治思想史研究四十年"学术研讨会，徐大同先生出席会议并致辞，多年来一直研究中西政治思想的学界前辈和青年才俊也都到场并发言。讲起中国传统文化的时候，91 岁高龄的徐大同先生还为大家现场唱了一段京剧。作为一名政治思想研究的从业者，我有很多感慨：政治思想的研究入门门槛高，确实发展很艰难。博士入学难，入学后学习难，毕业难，毕业后找工作难，好不容易找到工作，写文章难，申请项目难，评职称难……所以，如果你身边有学政治思想史的，请你一定要好好珍惜。好在这么多年，政治思想学人互相勉励，互相帮助，这个学科有了很好的发展。

天津师范大学一直以政治思想研究为自己的特色，尤其是西方政治思想史。其实，对政治学学科 40 年来的发展，大家也都做了不少很好的反思。除了像北京大学、复旦大学、中国人民大学这样"巨无霸"式全面发展的高校外，很多学校的学科发展都突出了自我特色。比如，徐勇教授在华中师大创立的田野政治学、周平教授在云南大学的民族政治学，都是非常有特色的，也得到了国内学术界的广泛认可，这些学校的政治学学科发展也很好，都是值得我们学习的。

1978年，徐大同先生踏着改革开放的脚步从中国人民大学来到天津师范大学，以政治思想史为基础，创立了天津师范大学的政治学学科。到目前为止，学科从事政治思想研究的教师就有十多位。在传统学院的基础上，我们还成立了政治文化与政治文明建设研究院等科研平台，创办了《政治思想史》杂志，并进入C刊的扩展版，为政治思想史的研究提供一个园地。在科研方面，值得一提的就是徐大同先生的《西方政治思想史》（五卷本）和高建先生的《西方政治思想史》（多卷本在研），它们构成了西方政治思想史研究的两大系统工程。另外，这些年来，我们在西方多元文化主义、普遍主义、自由主义、民粹主义等意识形态以及自由、平等、民主等专题上也作了一些贡献。如在《中国社会科学》《政治学研究》这样的杂志上，我们发表了大量关于政治思想史的研究成果。相关的国家（教育部）社科基金重大项目就有三项，国家社科基金重点项目、一般项目、青年项目更是多达十几项，其他项目也有几十项。

让我感到自豪的是，在徐大同先生的带领下，天津师大在政治思想人才培养、师资力量培训等方面做出了一些成绩。徐大同先生在早年教育部委托的西方政治思想史师资培训班上，培养了一批新中国西方政治思想史的高校教师。在硕士、博士培养方面，天津师大培养出了像高建、吴春华、王乐理、杨龙、常士闇、丛日云、马德普、张桂林这样一批后来在政治思想领域内作出重要贡献的学科领军人物。想起当年读书的时候，我和刘训练、庞金友都是前后届的同学，他们现在都已经成为政治思想史研究领域的教授、博士生导师。很多学者见到徐大同先生，都饱含深情地表示，是读着徐先生撰写的政治思想史的书进入政治学这个领域的。

我们目前也在进一步扩展天津师大的政治思想研究。一个是进一步扩展政治思想的研究，将政治意识形态、政治文化、政治价值、政治态度等的研究发展起来。大家都知道，如果把政治制度算作硬件的话，那么这些内容更像是政治系统的软件。比如，我们正在试图通过大数据的方式来对意识形态进行研究。另一个就是向中国政治思想扩展，目前我们学院已经有五位教师致力于中国政治思想的研究。实际上，徐大同先生与谢庆奎、陈哲夫、朱一涛几位先生在吉林人民出版社出版的《中国古代政治思想史》，比最早的《西方政治思想史》教材还要早几年。近年来，我们也有一些关于中国政治思想、当代中国政治思潮的专著问世。

就学科建设的角度来讲，一个学校、一个学科当然重要，但更重要的是学科整体的发展进步。这实际上需要我们在基本概念、核心命题、理论体系、话语体系等多个方面做出努力。比如，政治思想史上有很多概念，这个概念是有特定内涵的，这是政治思想史比较严谨的地方。尽管学术界对这些概念的内涵与外延的理解并不一致，但这些概念的基本要素是确定的，不是可以随意解释的。这个需要我们做一个全面的梳理。实际上，学界也做过一些研究。比如，早年徐大同先生主持编写的《中国大百科全书·政治学卷》（政治思想史部分）、《政治思想辞典》等，张凤阳教授的《政治哲学关键词》等相关研究。到现在，我们仍然有很多基础的工作需要完成，周平教授将概念的供给视为中国政治学构建的关键。举个例子，"主权"作为一个非常重要的概念，大家都知道是博丹提出来的，但是博丹的主权论在中国还没有一个完整的译本。此外就是核心命题，在概念的基础上，要形成命题，这是常识。西方政治思想史上，有很多命题。比如，人是天生的政治动物，人是生而自由的，等等。这些命题的梳理也是学科进一步发展的关键。关于西方的理论体系、话语体系，就有更多的工作需要做。

另外，我想专门提一句西方政治思想史研究的规范性建设问题。毋庸讳言，西方政治思想史的很多研究，缺乏现代政治学研究的严谨性、科学性，这与西方政治思想史研究自身的特点有关，但并不能因此不重视研究的规范性。比如，在研究的过程中，要更加重视对已有研究进行综述和总结，要在已有研究的基础上研究，不做无用的重复劳动。在科研论文当中，应该有文献综述的环节，并且尽可能穷尽以往研究的成果，并且指明自己研究的创新之处。在对政治思想进行解读时，尽量使用原著以求准确，而不是只阅读一些二手文献就得出结论。同时，还要尽量掌握更多的文献，以便能综合地进行研究。在这方面，很多政治科学的研究文章的学术规范是值得政治思想研究借鉴的。

形成健康的学术共同体也是政治思想学科建设特别需要的。西方政治思想史研究的学术交流越来越多，推动了学科研究的发展，但是，这一学科的学术共同体建设还需要进一步深入，比如健康的学术批评。政治思想史研究当中有很多敏感的话题，这就需要营造良好的学术交流氛围，形成健康的学术争鸣，而不是打棍子、扣帽子，甚至是人身攻击。此外，还要加强西方政治思想史研究中的团队合作。目前学术研究越发专业化、精细化，研究的层次不断深化、范围不断拓展，而且很多时候涉及跨学科研究，这种学术研究背景决定了仅靠一己之力难以大有作为，因此需要进一步加强团队合作。通过原创研究、方法创新、学术争鸣、团队合作，增强西方政治思想史研究的学科基础，从而形成西方政治思想史研究的学术共同体，增强研究者对本学科的归属感。

政治学人：您常谈及硕博阶段受业徐大同先生的求学经历对您从事学术研究时树立"为中国研究西方"的原则影响颇深。结合您多年来的研究经历，您认为这对促进中国政治学的发展有何作用？

佟德志：我的研究受徐大同先生影响较大。徐先生坚持以马克思主义理论为指导，坚持中国特色社会主义方向，给我留下了深刻的印象。记得有一次在天津师大召开中国政治学会会长扩大会，徐先生出席并讲了一段话。他说，"我年龄大了，很多事情都忘了，但有一件事，我一直没有忘，也不会忘，那就是坚持以马克思主义为指导。"在政治思想研究方面，徐大同先生算是少有的能做到中西会通的学者。徐大同先生不仅在改革开放之后主编了第一本《西方政治思想史》教材，还与朱一涛等先生一起完成了《中国古代政治思想史》的教材，也是改革开放以来的第一本。正是因为对中国和西方都有研究，徐大同先生才一直叮嘱我们，要树立"为中国研究西方"的观念。在这次政治思想研究40年的研讨会上，宝成关教授也提到中西会通的问题。实际上，像任剑涛教授这样在中西政治思想研究两个领域都做出重要研究的学者确实很少。

还记得我入学前参加面试的时候，徐先生问我，你愿意研究中国政治思想，还是西方政治思想？我当时给出了明确的回答——西方政治思想。印象中还记得徐先生沉默了一下，说了一个"好"字。起初我还以为说错了什么，实际上后来回想起这件事，推测徐先生当时可能更希望我专注于中国政治思想研究。对我而言，2008年是一个很重要的转折年。在2008到2009年，我在耶鲁大学做访问学者，仍然做西方民主的研究。但我已经发现，只研究西方民主，无论是理论贡献，还是实践贡献，都会受到影响。这是一件很奇怪的事情，尽管在此之前一直有一些研究和思考，但直到到了美国，我才开始很认真地思考研究中国民主。

中国的政治学学者，当然要为中国的政治建设作贡献。我毫不隐讳这样的观点，也一直把徐先生"为中国研究西方"的学术旨趣奉为圭臬。我的博士学位论文就是研究西方民主与法治的冲突及均衡的理论，这是西方民主的核心命题。这是一个在一般中国人看来有点奇怪的主题。在做博士论文的过程中，我问过很多人，包括学者：你认为民主与法治之间存在冲突吗？他们的回答是否定的。之所以要做这样的一个主题，其中原因之一就是邓小平同志在改革开放之初提过一句话，现在已经成为经典——要实现民主的制度化、法律化。这句话听起来简单，但在我看来，这可能是结束"文革"、开启改革的关键命题，并构成了中国政治体制改革中党的领导、人民当家作主与依法治国三者有机统一的重要一环。对于这么重要的命题，西方是如何处理的？形成了何种理论？我们不是要按照西方的经验来指导中国实践，但是，对这些问题的研究有利于我们开阔视野，对我们会有所启发。

一直到现在，我对西方的研究都抱有一种中国关怀，用徐先生的话讲就是——"为中国研究西方"。研究西方政治当中对中国有重大实践意义的理论，是我研究西方的一个重要出发点。这种立场会让我在选择研究课题的时候更有针对性。当然，一定要注意的一点是，为中国研究西方并不等于用西方的理论来解释中国，甚至是指导中国，这样常常会犯一些错误。徐先生一直跟我们讲，要反对两种教条：一个是"洋教条"，就是用西方理论指导中国；一个是"马教条"，实际上是把马克思主义教条化理解并用来指导中国的实践。

政治学人：民主作为政治学研究领域常谈常新的主题，历来受到人们的普遍关注。而您也曾就西方民主理论与实践存在的诸多困境与不适做过相关研究论述。从"为中国研究西方"的研究初衷出发，您认为我们应该如何理性认识西方民主实践与我国的民主探索？而就当下西方民主理论与实践面临的困境而言，对我国的民主建设与探索又有何启示或借鉴意义呢？再者，从中国经验出发，您认为当前中国式民主理论与实践——包括中国的传统治理思想，可否为西方的民主困境提供一定的启发与参考？

佟德志：对于西方政治理论，很多学者曾有过各种各样的反思，有像王绍光教授、杨光斌教授等人，也有任剑涛教授、丛日云教授这样的学者。对他们的反思，我很敬重，我自己也做过一些思考。

我最早在《民主与法治之间》这本书当中，提出了"民主失败"的命题，实际上是对西方政治思想的一种提炼和概括，表述了西方政治思想史上反思民主的传统。对于民主与法治的关系，北京大学的李景鹏教授、潘维教授、唐士其教授都有很深刻的研究。他们的研究告诉我们，对民主也好，法治也好，都不能迷信。我想，学习西方理论如果不能理性、清醒地看待这些问题，而是一味地沉迷于其中不能自拔，那只能是一种迷信。

我在那之后写了几篇反思西方民主的文章，包括对宪政民主、自由民主的反思。当你全面地认识了西方，你就能够更清醒地看到它的问题。以对美国宪政的反思为例，实际上，美国政治学界自己也有大量的反思。我翻译了达尔的《美国宪法的民主批判》。在这本书当中，达尔全面地批评了美国宪法不民主的一面。后来，我在耶鲁大学学习的时候，还专门拜访了达尔教授，跟他谈起这些问题。事实上，西方的大学里，知识分子基本上都略带粉红色，对美国宪政的批评司空见惯。十年前的一次研讨会上，我的一篇文章批评了美国宪政，还有人说我迷信达尔。我研究西方民主，观点会有各种各样的争论，这个很正常，我也不会因为有人批评就放弃。《探索与争鸣》的杜运泉编辑发表了我一篇关于美国宪法的神话与神化的文章，也招来一些批评。谁都喜欢表扬，但对于这些批评，我也会去看，而且很认真地看。就像中学的时候，老师会让学生准备一个错题本一样，这些观点更有利于进步。

研究西方民主是有利于中国民主政治建设的，至少他们的困境与问题会让我们警醒，我们有可能避免他们犯的错误。如果反过来，认为中国的民主对西方民主困境有启发与参考，我觉得也没这个必要，如果由西方学者来研究这个问题可能更好一些。毕竟中西方的差异太大了，而且民主政治最容易受到这些差异的影响。但是，我相信，无论是中国还是西方，了解对方，从对方的发展过程中积累成功的经验，汲取失败的教训，都是非常有益的。对于我们来讲，不忘本来，吸收外来，才能更好地面对未来。

政治学人：近年来，随着英国脱欧、美国大选等一系列"黑天鹅"事件的出现，民粹主义又重新回归人们视野，并被人们冠以新民粹主义的称呼。与历史上已有的民粹主义相比较而言，新民粹主义之"新"具体体现在哪些方面？再者，从中国立场出发，我们又该如何理性看待民粹主义的出现及传播？

佟德志：民粹主义与协商民主是我最近关注的几个主题，也先后完成了一系列的研究成果。对于世界政治来讲，2016 年是很重要的一年，英国脱欧和特朗普胜出成了两只"黑天鹅"，新民粹主义随之兴起。新民粹主义之新，最根本的一个体现是出现在英美、欧洲等西方发达国家，如果说当年拉美的民粹主义没有引起人们足够重视的话，那么，在英美老牌自由民主国家出现的民粹主义确实值得理论界给予足够的重视。尤其是新民粹主义反全球化的倾向，可能会直接影响到中国改革开放的布局。这在最近的中美贸易摩擦当中体现得较为明显。还有一点值得注意的是，民粹主义与右翼的合流。最近，被称为"热带特朗普"的极右翼候选人博尔索纳罗（Jair Bolsonaro）击败左翼劳工党候选人哈达德（Fernando Haddad），当选巴西总统，人们甚至认为，"黑天鹅"成了"灰犀牛"。

自由民主在国内全面推行代议政治、精英统治、政党政治，在国际上推行全球化，而民粹主义则全面反对代议政治、精英统治、政党政治，在国际上反对全球化，成为自由民主内部最成功的反对者。这至少可以说明两个方面的问题：一方面，自由民主结构中最重要的代议政治、政党政治等安排越来越脱离公民的诉求，成为精英统治的代言人，在政治实践上越来越陷入困境；另一方面，民粹主义对这些困境的挑战正在改变自由民主的某些形态，比如，传统的精英统治开始由中心向边缘移动，现有的政党政治将接受挑战，越来越多的公民直接行动会冲破代议制的限制。

我曾经对新民粹主义进行过一个理论总结，最终的成果发表在《国际政治研究》杂志上。从"人民"这一概念出发，民粹主义是一种信仰人民的意识形态，主张人民主权，号召以人民的名义改造精英统治。就民粹主义的主体逻辑来看，民粹主义强调人民内在的整体性和一致性，从而在民族主义、全球化、多元文化等主题上站在右翼的保守立场，在实践当中强调淡化族群身份，反对多元文化，甚至反对全球化。就其外在的人民观来看，民粹主义强调敌视与排斥，在实践中主张反对精英主义。在程序安排上，民粹主义主张人民多数的直接行动，强调改革现政权，形成了反建制、反代议制等实践诉求。

我在前文中说过，民粹主义在西方世界的兴起，有其内在的合理性。我在《天津社会科学》杂志上有一篇文章，全面分析了民粹主义兴起的原因，其中包括了政治、经济、文化、社会等各个方面的因素。总的来讲，民粹主义的兴起与自由民主的困境联系在一起。从中国的角度来看，我们应该认真分析，密切关注。民粹主义是实践性比较强的一种意识形态，对现实政治的影响是直接的。最近，我正在与我的博士一起做一篇文章，分析民粹主义的政治实践，另外还会有系列文章出来。这些研究对中国是有意义的，能更好地分析西方政治意识形态的变化，更好地理解民粹主义，理解右翼政治的兴起，这样一来我们就能更好地调整我们的对外政策，更好地推进开放。

政治学人：从您近年来的研究成果如《中国改革进程与民主话语体系的变迁》《现代西方政治话语体系的形成及其内在逻辑》《计算机辅助大数据政治话语分析》等一系列文章都可以看出您比较关注政治话语，对上述相关研究的重视的背后主要是出于怎样的关切呢？就政治话语体系的构建而言，国内学界又该如何调整其研究侧重？

佟德志：这几年来，我确实做了关于政治话语分析的一些东西。除了你们提到的这几篇文章外，还有一篇文章《中国改革进程中的民族话语体系及其发展》也在《民族研究》杂志上发表。对政治话语的关注，主要来自 2012 年前后东北大学的一次会议。那个时候，政治话语的研究刚刚兴起。实际上，对政治话语的研究还是出于对理论体系的兴趣，尤其是民主理论体系的兴趣。最早的想法是用这种方法来研究西方政治思想家，实际上我也做过一些尝试，比如使用文本分析的方法来研究伯克的政治思想。个人感觉，效果也还可以，但并没有发挥出大数据文本分析的效用来，尤其是在对政治思想家的分析上。特别是对于强调文本分析的字里行间潜在的意思，大数据文本分析常常比较难以胜任。现在，我们正在准备做网络文本大数据的分析。目前用大数据的方法分析了一些公众号和微博的数据，总体来看还是有一些成绩。我们成立了网络内容建设研究院，先期正在与一个数据分析公司做重大决策网络舆情风险研判与应对决策支持系统，针对政府出台的重大决策进行网络舆情风险研判。

政治话语分析是一个非常有意思，也是非常有效的研究方法，同时也是一个非常有意思的主题，值得国内学术界进行关注。就我们的研究来看，用大数据的方法，使用 python 编程工具或者是一些封装好的软件来分析政治话语，还是比较稳健的。很多时候，会有一些新的发现。比如，我们通过对中国国家领导人文选的分析，发现了中国民主话语体系里包含的以人民为中心、社会主义道路、党的领导等大家公认的内涵，同时，我们还在这些话语分析的基础上提出了发展型民主模式。但总的来讲，大数据分析对于政治话语分析来讲，还只能起一种辅助作用。大量的分析需要专家介入，因为专家对文本的把握对于研究是至关重要的。在这个领域里，我们也应该关注一些国外的同行。印象当中发表在 *American Political Sci-*

ence Review 的一篇文章运用大数据的方法，成功地预测了武装冲突发生的可能性，准确率还是很高的。

政治学人：我们注意到您最近发布了政治思想史的慕课，这对于推动政治思想史的普及和传播，激发读者对政治思想史的兴趣和热爱意义重大，能否请您简单谈谈从事这项工作的相关体会和感受？

佟德志：天津师大非常注重教学，这是一个非常好的传统。在政治学学科建设过程当中，我们非常注重政治思想研究人才的培养。包括我们设立了政治学博雅班，以培养政治思想的本科人才为特色。我们政治学理论培养的硕士、博士也大多以政治思想的研究为特色。实际上，如果追溯 40 年的发展，我们可以看到，天津师范大学政治学的发展一直都非常关注人才培养。从徐先生 1985 年西方政治思想教材的正式出版开始，天津师范大学政治思想的研究对教学，尤其是教材的探索就一直没有中断过。在这之前，徐大同先生就在天津师大学报上发表了西方政治思想史的教学大纲。自此以后，在徐大同先生的带领下，天津师范大学的高建教授、吴春华教授、马德普教授、常士闾教授，以及刘训练教授、高景柱教授和我多次完成教育部规划教材，如面向 21 世纪教材、"马工程"重点教材，我们还在 2018 年修订完成了新版的"马工程"教材。这形成了以西方政治思想史和当代西方政治思潮这两门课程的教材为主的一整套教材体系，其中既有大纲，也有教学辅导材料等。

正是出于对教学的重视，我们专门募集资金，制作了西方政治思想史慕课，并在中国大学慕课上线。

在整个慕课的制作和运营过程中，我有很多感慨。慕课的发展，可能会成为中国高等教育的一个趋势，能解决很多传统课堂教学无法解决的问题。尤其是线上线下混合式教学的使用，将会更好地推动中国高等教育的发展。慕课这种形式，不仅会给学生的学习带来极大的便利，更会推动高效的学习。对于高校教师来讲，这种形式确实很值得尝试一下。我在政治学类专业教指委兼任委员，王浦劬主任对这种形式非常重视，专门派我到教育部在浙江大学组织的慕课培训班上学习了一个星期。关海庭秘书长还特意让我在年会上给委员们做相关的介绍，目的也在于推进政治学慕课的建设。我们有计划将来举办一个慕课建设的会议，推进国内高校在慕课方面的建设。有很多人担心，有了慕课，一些大学的教师会没有了教职，甚至会下岗，这实际上是对慕课的一种误解。慕课是一种现代化、信息化的教学形式，掌握了这种形式，你可以更好地进行教学。

政治学人：大家都说，严师出高徒。据老师门下弟子讲，您对待学生要求严格，曾就"西方政治学"等课程要求本科生提交英语论文作为结课作业。那么，从您作为导师的角度出发，除了利用外语学习获取新知，您更注重学生的哪些品质？或者说，在您看来，身为一名合格的研究生，必须具备哪些专业素养？

佟德志："西方政治学"这门课程是一门双语课程。当时我给学生留了一个作业，就是写一篇英文的论文。当然，也不是严格的论文，准确来说是一篇习作。当时的要求确实严格，其实第一次开课我也没有底，不知道学生是否能完成。但是同学们都很认真，结果很好。印象当中要求同学们写三页（单倍行距、五号字），结果有一位同学写了十几页。当时我怕有抄袭，还专门手动在谷歌（当时还没有离开中国）里进行搜索确认。实际上，从里面的拼写和语法错误来看，也能认定不是抄的。这个教学实践告诉我，学生的潜力是很大的，教师确实应该放手让学生去做，对他们提出更严格的要求，俗话说"宽是害、严是爱"。后来我给研究生上这门课，一般会要求学生直接阅读英文论文，并完成3万—4万字的读书笔记，很多学生表示非常受益。

我的授业恩师徐大同先生有一个座右铭：教学问、教做学问、教做人。那对于学生来讲，就要学学问、学做学问、学做人。这可能算是学生最重要的三个品质了吧。

学学问，首先要掌握足够的知识。没有足够的知识，能力是不可能形成的。而且，一般来讲，我也不信高分低能的说法。实际上，如果一个人高分还低能，那低分会更低能。就大多数人而言，高分低能是一个小概率事件。高分的人多数都是高能的，这才是大概率事件。你必须努力地学习，尽一切可能学习到更多的知识，否则，你的学术研究不会顺利的。

学做学问主要是一种方法，一种思维方式。这里面有很多东西，但总的来讲，并没有想象中那样可怕。比如做学问的流程、方法等这些东西是有限的，但只要你下功夫去掌握、去体会，想做到并不难。很多学生害怕写作，很多教师也会在答辩的时候把学生骂得抬不起头，我以前也经常遇到类似的情况。怎么办呢？其实有一个办法挺简单。那就是动手写一篇文章出来。如果你仔细回忆一下你写论文（也可以把议论文包括进来）的经历，你就释然了。学生之所以不会写，可能就是因为根本就没写过几个。平时不教学生如何写论文，不让学生动手写论文，答辩的时候当然会写得比较烂了。

就专业素养的训练来看，我觉得读书可能是最重要的了，这可能与我做的研究有很大关系。我会要求我的研究生去阅读大师的书籍和论文。在人类接受知识的各种方式当中，阅读是最有效率的。通过阅读，你可以快速地掌握大量的知识，同时也能锻炼能力，尤其是理解能力。如果阅读量很丰富，写作的能力是很容易养成的。我指导的博士在确定开题后，每个月都要提交读书笔记。我们也准备在学院的培养要求里做相应的规定：学生必须进行一定数量的阅读，并提交读书笔记。

学做人，这个是最高的境界了。我一直在师范大学求学，师范大学讲究学高为师，身正为范，对做人的要求会更严格。可能是自己年龄也大了，对我们学院的学生，我也会经常讲做人。我觉得，一个人的成功与幸福，智商并不一定起决定作用，情商可能起更大的作用。对于一个人来讲，团队合作的精神、乐观向上的态度、坚韧不拔的意志可能更为重要。有些人天生就有这种品质，但如果没有，后天的培养也是可以做到的。

采访编辑：程　凯
采访日期：2018 年 11 月 24 日

以经验视角找寻民主背后的逻辑

——对话包刚升教授

编者按 作为政治学研究中绕不过去的核心概念，民主既古老又年轻，既备受赞誉又饱经争议，一直以来都是一个常谈常新的经典议题。而在国际形势风云变幻的当下，民主似乎又在全球范围内迎来了它的"艰难时世"。如何拨开重重迷雾去真正认识民主？如何从不同层面去理解民主？如何做好关于民主政治的经验研究？如何理性看待"西式民主衰落论"？本篇专访对话复旦大学包刚升教授，希望能从不同视角探讨民主政治并梳理其脉络，为广大青年学者和学生提供借鉴与启发。

本期学者 包刚升，浙江海宁人，北京大学博士，复旦大学国际关系与公共事务学院教授、博士生导师，哈佛大学访问学者（2019—2020 学年）。主要研究领域为政治理论、比较政治与政治史。著有《民主崩溃的政治学》《政治学通识》《民主的逻辑》《抵达：一部政治演化史》《儒法道：早期中国的政治想象》《演变：西方政治的新现实》及英文专著 *Politics of Democratic Breakdown*（Routledge）等。曾获评"《经济观察报》2018 年度致敬作者"，作品曾获评第八届高等学校科学研究优秀成果奖（人文社会科学）二等奖以及"《新京报》2014 年度社科类好书""第一财经 2023 年度十佳图书""搜狐文化好书之选 2023 年度十大好书""凤凰网 2023 年度十大推荐图书""腾讯读书 2023 年人文社科十大原创好书"等。

政治学人：包老师您好，非常感谢您接受"政治学人"平台的专访！在近年关于政治学经典议题的研究越来越少的情况下，您为什么依然如此关注民主问题？

包刚升：我对民主议题的关注由来已久。这也是中国近代以来一个经久不衰的政治议题。很多学者研究民主，经常会提到一个70多年前的故事。1945年，民主人士黄炎培在延安请教毛泽东，他说，中国历代王朝兴衰更替，"其兴也勃焉，其亡也忽焉"。怎么才能跳出这个王朝兴衰的历史周期率？毛泽东回答说："我们已经找到新路，我们能跳出这个周期率。这条新路就是民主。只有让人民来监督政府，政府才不敢松懈，只有人人起来负责，才不会人亡政息。"到了1979年，那时"文革"结束不久，当时的领导人邓小平在一次重要会议上说："没有民主就没有社会主义，也没有社会主义的现代化。"其实，背后的道理也是差不多的。

以政治学的专业知识来说，对任何一个社会，政治都有两个基本问题要解决。第一个是有效国家的问题，即他们得拥有或构建一个有效能的国家，这个国家起码能够提供基本的安全、法律和秩序。第二个是约束国家的问题，即这个国家同时必须是受到约束的，国家权力不是完全不受制约的。所以，一方面是有效国家，另一方面是受制约的国家，两者的结合才能让一个社会走向善治与长治久安。那么，如何约束国家或者说如何约束国家权力呢？民主就是一个基本的办法。当然，除了民主，法治与分权制衡也是重要的办法。因此，在政治学领域，民主是一个绕不过去的问题。

至于你说到的目前关于民主这类议题的研究有越来越少的趋势，这个现象可能是存在的，但我并没有学术统计数据支持这种看法，只能说感觉上是这样的。为什么呢？简单地说，学术研究，不光是学者群体的个人兴趣问题，它还会受到一整套社会激励结构的影响。比如，这个社会在公共政策层面是不是鼓励这样的研究？国家科研经费的投放是不是鼓励这样的研究？还有学术发表系统是不是鼓励这样的研究？所有这些都会在很大程度上影响学者群体的选择。一些问题突然兴起成为热门议题，往往就是各种政策鼓励的结果。反过来，一些研究议题衰落了，可能道理也差不多。

但无论怎样，对一个发展中国家来说，很多重要的问题是绕不过去的。民主，就是这样一个绕不过去的问题。

政治学人：您的博士学位论文《民主崩溃的政治学》出版以来一直备受赞誉，被普遍认为是一部有分量的开创性作品。在国际学术界，对民主失败的系统性理论研究并不常见，而国内学术界这些年来关于民主失败的问题意识基本上也尚未产生，您当时为什么会选择民主失败作为您博士论文的选题以及后来的研究方向？

包刚升：过去相当长时间里，国内政治学界喜欢把民主作为一个哲学问题、一个观念问题来处理。但在我看来，更重要的是，民主同时还是一个转型问题、一个经验问题。关于这个观点，我曾经写过一组题为《被误解的民主》的长篇评论。

所谓民主是一个观念问题或哲学问题，简单地说，可以归纳为"民主好不好"这样的规范性问题。有人更强调民主的优点，这个时候，我们就说民主是个好东西；但有人对民主顾虑比较多，民主可能会导致一系列问题，这个时候，我们就说民主未必是个好东西。但这种思路，主要就是在"民主好不好"这个层面上探讨问题。

而我所关注的是，很多发展中国家在实际启动民主转型之后遇到了很多困难，甚至民主转型未必会成功。有的国家，即便是一个已经建立起来的民主政体，有可能还会面临民主崩溃或民主失败的风险。这些问题，至少跟民主好不好一样重要，甚至更重要。只有回答了民主为什么会成功，或者说民主为什么会失败，我们才能在经验世界中讨论民主是如何成为可能的。

而思考发展中国家的民主问题有两个基本路径。第一个路径就是研究民主转型为什么能成功，这是一个正向的路径。但是，这里还有一个反向的路径，就是研究民主转型或民主政体为什么会失败？为什么会崩溃？这两个问题，其实是一个硬币的两面。这就好比商学院研究企业问题有两种学问，一种是研究企业如何能成功，另一种是研究企业为什么会失败。道理其实很相似。当然，你研究企业的失败，目的不是让企业失败，而是让企业成功。

研究民主失败或民主崩溃，大概的理论意义也在于此。在实践上，如果一个发展中国家不能降低民主失败或者民主崩溃的风险，那么它就谈不上如何能够实现成功的民主转型。因此，你可以看出来，这个问题是非常重要的。

政治学人：目前国内学界和媒体通常把民主当成一个政治哲学问题来处理，对民主的研究和讨论集中于思辨层面，对民主的经验研究还相对较少。您的新书《民主的逻辑》就是一部关于民主的经验研究之作。为什么会写这本书？您觉得这本书的学术价值主要在哪里？

包刚升：我自己吹牛，把《民主的逻辑》称为"国内第一部经验视角的民主通识"。我这里说"第一部"可能会有争议，但我想了一下，国内好像过去没有一部从经验视角、基于各个主要维度、全面论述民主问题的作品。这部书其实最初是六场演讲的讲稿，演讲的主题就是如何从经验角度理解民主。

那么，我为什么会从经验视角来写这样一部书呢？这其实还是跟个人的知识史有关。我上大学，是在 20 世纪 90 年代后期。那个时候，民主也是大学校园里的热门话题。但当时讨论民主，主要还是一个观念问题。当时甚至流行一个顺口溜，叫作"民主好，自由好，人家有，我也要"。民主和自由，当然都是好东西，而且已经成为社会主义核心价值观的关键词。

但问题在于，如果我们放眼观察整个世界，就会发现，在不少国家，民主这个理论上的好东西要成为事实上的好东西，并不是很容易。比如，拿泰国来说，过去20多年间，泰国经常搞选举，但选举之后往往是败选一方鼓动数万民众上街，然后首都的政治秩序就趋于瘫痪。怎么办？军人就出来干政，搞军事政变。这样，泰国的民主就被搞垮了。比如，委内瑞拉这个拉丁美洲国家，过去是一个民主国家，后来查韦斯领导的左翼民粹主义运动崛起，然后政治生活慢慢威权化了。如今的委内瑞拉陷入了民主衰退与经济危机的双重困境。再比如，俄罗斯在20世纪90年代初的时候，很多人认为它会转向一个西方式自由民主政体，从此走上政治民主、经济自由的康庄大道。但实际上，目前俄罗斯所处的转型阶段，并不是这样一条道路，充其量只能被称为"两不像政体"。

你会发现，所有这些例子都表明，从经验视角来理解民主，比从单纯的观念视角来理解民主，要复杂得多。民主好不好固然重要，但是对这些国家来说，更重要的是，民主是如何成为可能的？这就需要我们从经验视角来理解民主。

如果要说《民主的逻辑》这本书有什么价值，我想可能主要在于三个方面。第一，我试图在中文学界从经验上把民主和民主化这回事说清楚。第二，正是因为这样一种尝试，对大学的同学们以及所有对民主问题感兴趣的朋友们来说，他们可以把这部书作为理解民主问题的一个起点。第三，我写这本书时也比较注意，把一些重要的经典理论在里头做了梳理和介绍，为那些有兴趣进一步做研究的同学和人士提供了一个知识地图。比如，你看了这部书，大概就可以知道很多重大问题上有很多重要的争论，以及这些争论包括哪些文献。这样，它就提供了一幅民主研究的学术地图。我想，恐怕这就是这本书的价值所在。

政治学人：我们注意到您在之前的很多研究中都综合运用了政治学、经济学、法学等多学科的研究方法，这样做的好处有哪些？您觉得如何才能做好政治学中的经验研究？

包刚升：社会科学研究的目的是理解和解释社会现象，所以，你不能说我只能用某种学科的知识去理解和解释一个社会现象。这样就容易自我设限。解释问题才是根本，而任何学科的具体知识只不过是一个理解问题的工具箱中的工具而已。

我本科是在北京大学经济学院读的书，所以我就有一定的经济学背景。我现在也感觉到作为一名政治学学者拥有一定的经济学背景是一个优势。比如，这样，我就可以更好地理解经济和政治之间是如何互动的。这一点很重要，因为很多经典理论都涉及经济和政治之间的互动。民主化研究中有一个著名的现代化理论，是说经济越发达的国家，越可能实现民主化。你看，这个理论中的自变量就是经济变量，因变量是政治变量，这也是经济与政治互动的视角。

我现在关注的一个议题跟宪法设计和政治制度有关，主要研究的是：对新兴民主国家来说，它们采用不同的宪法设计与制度安排会不会对其转型结果产生影响？做这样一项研究，学者其实最好具有宪法学的背景。如果有宪法学的学科知识，你就容易理解这个问题。

对于理解今天西方政治的新现实来说，我觉得像人口学、族群社会学与宗教学等领域的知识就显得特别重要。如果没有这样的知识，我们在理解今天西方社会内部所发生的新变化方面就会产生一些困难。所以，这种多学科视角对学者来说是有益的。

但是，每个人能学习和掌握的知识都是有限的。我有两个主张。第一，我觉得，对于还在读书的同学们来说，你们是不是可以尽可能地多涉猎一些学科，特别是一些重要的基础性学科。对于未来想从事政治学研究的人来说，经济学、法学、历史等学科的知识都是非常重要的。如果想研读政治哲学或思想史，哲学的背景也非常重要。所以，对还在学习的同学们来说，我的主张是要尽可能博学一点。

第二，有很多人如今已经是职业学者了，而且可能年龄也不小了，我建议这样的朋友们还是多发挥自己的长处。因为我们每个人都只能在自己有优势的地方去跟别人竞争，用自己的劣势去竞争，或者试图把自己的劣势补足再去竞争，往往都是吃力不讨好的事情。对于学者们来说，重点不应该是再去拓展新的知识领域，而应该发挥自己已有背景知识的长处。这才是重要的事情。

至于你关心的如何才能做好政治学的经验研究，这是一个相当复杂的问题。我从三个层面来做一个简单回应。第一个层面，是所谓"术"的问题，这里关键的是要掌握社会科学研究的基本方法。首先要掌握的是社会科学研究的基础范式。一篇研究型的学术论文或一部研究型的学术专著，其固定格式其实是差不多的，包括研究问题、文献综述、理论假说、因果机制与分析框架、经验证据、研究结论这几个部分。只要是严格意义上的社会科学研究，都应该是这样的套路或者格式。在掌握这个基本范式的基础上，在经验证据的处理上，还有两种路径的分野：一种是质性研究的路径，一种是量化研究的路径。我个人觉得，对于这个时代的年轻的同学们来说，如果你打算从事政治学研究，那你就应该既掌握社会科学研究的基础范式，又掌握质性研究与量化研究的技术方法。否则，你未来就会跟不上。

第二个层面，即所谓"道"的问题。我把学术研究的"道"视为一种建构理论的能力。当然，这种能力不是凭空而来的。一般来说，一个人要想掌握一种建构理论的能力，他首先得去掌握很多前人已经有的理论。你得去读很多重要的传统经典，政治思想史上大概有10多部必读经典，是我们每个学习和研究政治学的人绕不过去的，这构成了我们理解政治的一个大背景。另外，你还得去读很多的当代经典，这里既包括了 20 世纪下半叶以来的代表性学术专著，又包括如今在一流中英文学术刊物上刊发的前沿论文。我想，提升自己建构理论的能力，并没有什么捷径，阅读、理解、把握前人的各种理论，慢慢地在其中接受熏陶，然后才能提升自己的理论能力。这种笨办法，往往就是最有用的办法。

所以，好的政治学经验研究，往往是术与道的结合。一项好的政治学经验研究作品，无论是一部专著还是一篇论文，它既应该做到在社会科学方法上是比较可靠和可信的，又应该做到是提出了有见地、有创新、有洞察力的理论。好的社会科学研究，就是理论与方法的结合。

但只有这两个方面，我觉得还不够。第三个层面，我把它称为"神"。这个"神"，是精气神的神，是全神贯注的神。我发现，能做好社会科学研究的学者，几乎无一例外，都有一个特点，就是全神贯注或长期专注于某一个领域。这样一个领域，可能是一个人主动选择的结果，也可能是误打误撞地闯入了某个领域。但是，无论怎样，只有把足够多的时间和精力拿出来，长期关注这个领域，你才有可能在这个领域达到真正的专家级水准，才能在重大或前沿的问题上作出精深的研究，才能走在大部分同行的前列。而一个人能够长期专注于某一个领域，往往背后是这样一种精神——他对某个问题有深切的关怀、有持久的激情、有长期的承诺。

退一步说，关于讨论"如何做好政治学的经验研究"这个问题，我总觉得自己还不是很够资格，这个问题应该留给那些更资深的前辈学者来回答。如今，各类社交媒体上有太多资讯是告诉别人如何做研究的。有这样的时间和精力，倒不如先把自己的研究做好。当然，真正要把研究做好，而不是做到尚可的程度，这个难度是非常大的。这方面，我们仍然有很长的路要走。

政治学人：近几年来，西方世界中英国脱欧、特朗普当选等"黑天鹅"事件频发，无序化状态加剧。这种状况不仅引起了人们对西方经济制度的质疑，而且也使人们将批判的矛头指向西方民主政治制度，您认为为我们应该如何认识近几年来西方世界的种种民主异常？如何看待唱衰西式民主的论调？

包刚升：我曾参加中国人民大学《世界政治研究》杂志主办的"世界政治前沿对话"。我在论坛上说，其实民主始终处在某种不均衡的状态，甚至时常处在危机之中。民主政体跟威权政体相比，它有一个显著的特点，那就是社会力量与社会变迁可以快速地投射到政治场域。所以，当这个社会发生变化以后，政治就会发生相应的变化。这种持续不断的变化，就是民主政治时常表现出来的不均衡性。我们经常看到民主似乎是乱糟糟的，根本不可能达到一种所谓的永久和谐状态，这其实是民主本身的特质所决定的。

那么，今天的西方政治又面临哪些不均衡状态呢？主要是三大问题，我在最近的演讲和论文中把它称为"西方政治的新现实"。第一个是全球化带来的政治经济失衡，包括就业机会流失、贸易不平衡问题等。第二是人口结构变化带来的西方社会内部族群宗教多元主义的兴起，这给它们的整套政治系统制造了很多新的压力。第三个是国际空间层面的问题，也就是冷战结束以后至今国际格局的重大变化，特别是，中国作为一个具有异质性意识形态和政治制度的大国的崛起，在不少西方人看来构成了对他们的挑战。

面临这些问题，西方国家该怎么办呢？我想，它们这套制度确实面对着不小的压力，而且它们需要作出某种调整，但是，我们不要低估西方国家应对挑战和进行调整的能力。按照历史学家汤因比的说法，很多文明就是在挑战和应战的互动过程中完成自身演化的。

我最近的一次学术演讲总结了西方民主政体历史上的三次大转型，这三次大转型都是跟这些政体面临的那些当时看上去似乎不太能够解决的重大挑战有关的，这三个挑战主要是阶级政治、经济危机和国与国之间的战争。但到了后来，经过制度调适与能力改善，这些政体慢慢地就能适应和应对这些重大挑战了，而其制度模式本身也在这个过程中完成了进化。

所以，我们不要低估西方国家民主政体的韧性。如果低估，我们就会发生很多误判。我记得清华大学刘瑜老师有篇文章讨论过"民主韧性"的问题，这大概也算对"威权韧性"这个最近流行的概念的回应。

当然，退一步说，西方民主政体目前有没有可能会面临某种其自身难以解决的问题？这种可能性是有的。我认为，目前它们最大的问题，就是西方社会内部族群宗教多元主义兴起给它们这套自由民主政体带来的挑战。我最近在《政治学研究》上发表了一篇论文，题目就叫作《西方政治的新现实：族群宗教多元主义与西方自由民主政体的挑战》，对这个议题有比较系统的论述和剖析。总的来说，我觉得，美国在这个问题上也有压力，但欧洲国家的压力似乎要更大一些。它们未来能否处理得好，只有时间才能回答这个问题。需要提醒的是，我们不要低估了西方国家的制度韧性与进化能力。

我再顺便说一句，我们在跟西方国家有关的问题上容易陷入两个误区。第一个误区是，我们特别容易把西方国家自身的反思简单当成西方国家面临的问题本身。实际上，你会发现，西方人一直在不停地反思。比如，100年前的1918年，德国人斯宾格勒就写过《西方的没落》一书。听他的这个论调，似乎西方100年前就不行了。美国上一拨比较大的自我反思是在20世纪80年代，当时有学者写了《日本第一》这样的书。什么意思呢？当时日本的制造业正在替代美国的制造业，当时美国后来引以为傲的新经济又还没有兴起，所以，有的美国人就整天在反思，美国是不是不行了？但后来，美国新经济出现了，以计算机、移动通信和互联网为代表的新经济革命发生了，日本反而面对的是所谓"失去的十年"或"失去的二十年"。所以，西方的这套政治与知识生态，本身就包括知识界与媒体不断反思、不断自我批判的传统。不要因为他们的自我反思和自我批判，反而引发了我们对西方世界的误判。要知道，真正有自信的人都是勇于自我反思和自我批判的。

第二个误区我在最近的会议上也提到过，其实国内对美国的判断有两种自相矛盾的论调。有的媒体，一方面说美国过去的做法遇到了各种问题，甚至说美国衰落了，美国不行了；但另一方面，当特朗普总统做各种新的调整、采取很多新的做法时，他们又说特朗普不应该改变美国过去的政策。这就是一个悖论。既然他们过去的做法不行了，难道他们不应该改变吗？至于如何改变，在策略上当然是可以讨论的。

所以，当我们判断这些事情时，我们需要多借助两个视角：一是历史的视角，二是逻辑的视角。只有既经得起历史的检验，又经得起逻辑的检验，我们的观点才能站得住脚。

政治学人："政治学人"平台之前转载过您的作品，读者非常期待您的作品，并且有很多人说已经被您之前发表的文章和著作"圈粉"。您在复旦大学为同学们开设了什么课程呢？您觉得政治学专业的学生应该在专业课上培养哪些思维？

包刚升：首先要感谢同学们的支持，也要感谢"政治学人"平台的支持。我在复旦大学目前主要开设"政治学原理""比较政治制度""民主与民主转型"等课程。同时，我还经常给同学们开设"如何做社会科学研究"这类的专题讲座。

至于你问到的"政治学专业的学生应该在专业课上培养哪些思维？"这个其实是一个见仁见智的问题。在我看来，有三种思维是很重要的。

第一种思维是多元思维，换一种说法也可以叫作批判性思维。

它其实就是要求学生学会不盲从、不迷信，能够独立思考，能够多元思考。同一个事情、同一个议题，他应该能够进行正方与反方这种辩驳式的思考，然后形成自己的判断。

过去，德国哲学家康德有一句著名的话：启蒙运动的口号就是要有勇气运用你自己的理性，或者说，要有勇气运用你自己的理智。提醒一下，康德所说的这个理性或理智，不是别人的理性或理智，而是你自己的理性、你自己的理智。

所以，我们需要养成这样一种思考能力——每遇到一个问题，我们不应该简单地相信某种所谓主流的观点，某种所谓权威的观点，或者某种多数大众更乐意接受的观点，而是我们能不能按照这个问题本身的事实和逻辑，去进行独立的思考与判断。

而一门好的政治学课程，经常是让同学们在正反两方面的对峙中去理解什么样的观点更有道理，什么样的逻辑更强大。这样的一种课程，其实非常有助于我们培养多元思维，培养批判性思维。这种能力，对我们的一辈子都是很重要的。

第二个思维是因果思维。社会科学的本质，是寻求政治社会现象背后的因果关系，是提供基于因果关系的解释。其实，社会科学研究的特点不在于提出语出惊人的新观点，而在于严谨地论证一种观点。这个论证，就是寻求事物之间相对比较确定的一种因果联系。

这种思维不仅关乎政治学研究，而且是我们走上社会以后所需的一种重要能力。比如，你毕业后去一家咨询公司工作，你的工作是参加一个团队，为上市公司提供战略分析与咨询。那你有没有想过，一种有价值的咨询分析意见的实质是什么？它其实就是要寻求公司经营背后的相对稳定的因果关系。这里的因果关系是指，在各种技术、政策约束条件（控制变量）下，一个公司采用何种做法（自变量），未来在更大概率上能够取得经营的成功（因变量）。当你告诉别人怎么做的时候，首先需要回答的是为什么的问题，为什么的背后当然就是因果关系。

第三个重要的思维，我把它称为战略思维。和很多学科不一样的是，政治学面对的很多问题都是重大问题。如果读政治史，你就更会发现，政治学常常涉及在某些重要的历史时刻身处其中的政治家、政治精英们是如何做选择的。这里的选择，其实就是重大问题上的取舍，就是处理优先次序的问题。商学院关于战略的课程，很大一部分都是关于如何区分事情的优先次序。而历史地看，战略本身就起源于军事与政治领域，然后再被普遍地运用于其他领域。既然政治学经常鼓励同学们去学习、研究、思考重大问题，我想，还可以培养一种非常重要的能力，那就是跟战略思考有关的能力。

简单总结一下，我觉得，政治学的专业课程应该不光对把政治学作为自己专业的人来说是有价值的，而且也应该能够提供给现代社会的公民、社会人、某领域的管理者甚至是领导者未来所需要具备的综合素质和思维能力。

政治学人：您目前主要在做哪些方面的研究？是否还是与民主的主题相关？您在以怎样的思路推进自己的学术研究？

包刚升：我还在从事一项我称之为宪法工程学的研究。这项研究的核心问题是，对于新兴民主化国家来说，宪法设计和政治制度选择的不同是否会影响他们的民主转型与治理绩效。这是一项涉及70多个国家、时间跨度为40年的大型比较定量研究。我首先需要做描述，然后再推断政治制度变量对其转型与绩效的影响。

从明年开始，我的研究重点将会转移到政治家在民主转型或政治发展过程中的作用上来。关于这个问题，我现在已经收集了一些资料，但还没有正式启动这项研究，这大概是我未来几年最重要的研究任务。总体上，政治家在政治发展过程中的角色是被现有研究低估了。国际上，尽管有人强调政治精英的角色，但这些方面的研究还不是很充分。最近几年，从俄罗斯到委内瑞拉再到土耳其所发生的一系列政治变迁，大概都揭示了这样一个道理：某些特定的政治人物在某些重要的政治关头发挥着跟他本身这个个体完全不成比例的巨大作用。我们还会发现，一个国家十年、二十年的政治演化路径，很可能就是某一位政治家的选择所塑造的。所以，这实在是一个非常重要的问题。我主要想考察的是，不同的政治家的不同信念、选择与博弈，是否会影响发展中国家的民主转型与政治发展以及背后的因果机制。

在此基础上，未来我还希望能够构建一个理解政治发展的新框架。这方面，我现在也在做一些初步的工作。大体上说，过去理解政治发展主要还是跟政体有关，甚至主要是现代化理论，但目前的框架有很多缺陷。我现在越来越认为，理解政治发展需要一个更加整合的理论框架，我初步考虑是要把国家理论与政体理论打通，把经济发展与政治演化打通，把国内政治与国际关系打通，但到底怎么做？还没有想得太清楚。

要说更久远的将来，我想应该会基于自己在比较政治领域的积累，立足全球经验，来重新考察中国这个古老的国家从 19 世纪 40 年代以来的政治变迁。我希望到时能够为理解中国近现代的政治发展提供一个新的理论视角。上面这几件事情做下来，估计需要十年左右的时间。

我做研究是比较独立的，我选择研究议题也比较独立。我既不想追国内热点，也不想追国际热点，甚至不会去问什么样的研究更容易发表。我只研究我认为重要的问题，然后看看能否在这个领域有一些新发现、做一点新贡献。

这样一种研究风格，往小了说，纯属自娱自乐。往大了说，也许很多重要的研究一开始都处于边缘地带，所以，学者群体不必担心自己是否处在边缘地带。至于这个边缘地带以后会不会成为中心，一是要看这个领域的学者群体的研究做得怎么样，二是要看这个世界、这个社会政治大趋势的演化路径。但第二个因素是很难预测的。

今天中国主流经济学的成型与繁荣，得益于中国过去几十年从计划经济向市场经济的转型，以及中国大致上处在经济发展的上升通道之中。政治学的未来其实也是一样，同样会受到社会大趋势的影响。但学者的任务不是别的，就是做好自己的研究。至于别的，就只能交给命运。

采访编辑：李佩健

采访时间：2018 年 10 月 22 日

探究中国特色协商民主的
内涵、 意义与实现途径

——对话郎友兴教授

编者按 协商民主理论自 20 世纪 80 年代兴起以来，就成为继代议制民主和参与式民主之后的最新民主理论。我国在 20 世纪 90 年代引入西方协商民主理论，立即在学界引起广泛讨论。在党的十八大明确提出"社会主义协商民主是我国人民民主的重要形式"后，学术界开始积极探索"中国特色协商民主理论和实践模式"。但是作为西方的"舶来品"，协商民主理论和实践在中国本土化的发展过程中仍然面临着一些争论以及需要解决的问题。中国协商民主理论具有怎样的独特内涵与特点？中国协商民主如何实现制度化？中国传统儒家文化对协商民主的发展具有怎样的影响？中国共产党在协商民主发展过程中具有怎样的运行逻辑？"政治学人"平台专访浙江大学郎友兴教授，希望通过政治学学者的专业视角揭开中国特色协商民主理论和实践的奥秘，为全球政治学人提供思想的养料与学习的启示。

本期学者 郎友兴，1964 年生，浙江临海人，浙江大学公共管理学院教授、博士生导师，新加坡国立大学东亚研究所博士。浙江大学公共管理学院政治学系系主任，教育部政治学学科教学指导委员会委员（2013—2023），浙江省政治学研究会常务副会长。主要研究领域为政治社会学、民主与民主化、中国农村选举、地方政治与治理、协商民主与中国实践、社区研究。在《政治学研究》《二十一世纪》和 *Japanese Journal of Political Science*、*Journal of Chinese Political Science* 等著名期刊发表多篇论著，出版《改革与乡村：20世纪 70 年代末以来义乌市七一村村庄政治研究》《发展中的民主：政治精英与村民选举》《政治追求与政治吸纳：浙江先富群体参政议政研究》《区域治理与绩效》《政治学基础文献读物》《非政府部门的发展与地方治理》《寻找民主与权威的平衡：浙江村民选举经验研究》《安东尼·吉登斯：第三条路》等著作。

政治学人：郎老师您好！感谢您在百忙之中抽出时间接受"政治学人"平台的专访。据了解您曾在澳大利亚、新加坡等地求学、访学，治学经历丰富。此番经历，对您的学术生涯和学术旨趣有何影响？您当时是如何确定以协商民主为研究领域的呢？

郎友兴：我的经历谈不上丰富，因为在我看来，各种大学的访学、读书固然重要，但是对于从事社会科学研究的学者来说，更重要的恐怕是另一类非学术的经历，尤其在中国做社会科学研究，这种非学术性经历就是人生的经历与阅历。我这代和你们年轻一代的学者通常都是从学校到学校，差异就在于，你可能是从国内这个大学到国内的另一所大学，他可能从中国的大学到国外的大学，仅此而已。像我下面接着要说到的两位教授，具体说来出生于 20 世纪 50 年代的学者，他们的人生经历与阅历是我们所没有的，而这些经历的意义是无法超越的，也是极为重要的。一是他们更有家国情怀，当然这不是说我们和你们没有；二是他们对于中国问题的理解更具有穿透力，他们对于中国的忧虑更为深刻。

澳大利亚、新加坡两地求学，对我来说，都有不小的收获。只是 20 多年近 30 年前（20 世纪 90 年代中期）我在澳大利亚时，接触的多是西方学者而东方学者较少（现在应该改变了不少）。在澳大利亚求学时，我的印象是自由度大并且不存在着快出成果、多出成果的压力山大的情况，至少我在那里的时候是这样。不久前大家都在热议《慢教授》一书，让我自然想起在澳大利亚的日子。不仅老师们如此，研究生也是如此。有这样一件让我印象很深的事：我有一次问一位历史系的澳大利亚本地博士研究生 Peter 博士论文进展如何时，他回答说还有三章未完成；大概两个月后再遇到他时，告知还有五章没有完成，看他的样子似乎一点都不着急。如果放到中国学生身上，那绝对不会是这样的心境。"慢"自然是可以做出不那么应景的好学问，做学问比"慢"大体上是可以接受的。但是，我也不完全认同"慢"，"慢"也未必出精品，更何况，我的理解是在澳大利亚那里的"慢"有点懒的意思。当然，澳大利亚人不需要快，我曾问过阿德莱德大学一位教授，他说他们有阳光、海滩，干吗急呢。

新加坡不一样，那是一个东西方学者交汇之地，尤其我所在的新加坡国立大学东亚研究所，对于学术成长是很有好处的。东亚研究所所长王赓武教授不仅学问做得好，还特有人格魅力，世界各地的学者都愿意前往东亚所交流。在王老师的领导下，东亚研究所已经成为世界上研究东亚问题最重要的学术机构之一。因此，我也有机会分享这不可多得的学术资源。东亚研究所每周有两次固定的活动，所里人员需要参加。每周二早上，所里例会，时间可长可短，有一位同事主持，主要是分享一些信息，大家做些交流，包括一些非学术的。现在国内学术交流活跃、频繁，不过我觉得，学者单位内的交流很少，大半年可能才碰到系科的同事一次。我曾经有心在自己的系科里学一下东亚所的例会，但是，总归不成功。另外，每周五下午的学术讲座，主讲者可以是所里人，但更多的是外国的学者，或路过新加坡，或在所里访学，或来新加坡参会。不过，印象中研究所规定，所里的研究人员每年须做两次讲座。我有所设计，想在我现在所在的单位里进行此安排，但是，也总归不成功。

我的学术研究主要集中在两个方面，一是村民自治与选举，二是协商民主。说起来，这同两位老师，徐勇教授、何包钢教授，有着直接的关联。徐勇教授为国内顶级学者，是开启村民自治研究的第一人，而何包钢教授是一位出色的华裔学者，是澳大利亚国家社会科学院的院士。我第一次去澳大利亚，是以访问学者身份前往的，在西澳的莫道克大学访学（1996—1997）。访学期间，在塔斯马尼亚大学工作的何包钢老师邀请我前往那里看看，做一个讲座。讲座在社会学系里进行，而不是在何老师所在的政府系。讲座由人文社会科学学院院长、社会学系 Jan Pakulski 教授主持，他后来成为我在澳大利亚求学时的导师。他是研究阶级阶层、精英问题的大家，印象中也是澳大利亚国家社会科学院的院士。

　　这次短暂的访问，促成了两件事，或者说使我做了两个决定：一是参加何包钢教授申请澳大利亚政府资助的"中国村民选举"研究项目，这开启了我对于村民自治与选举的研究。20 世纪 90 年代中期，如果要说中国政治学有什么研究的重点或热点，那非村民自治、村民选举不可。华中师范大学徐勇教授引领了这个研究，我和何包钢教授也多次前往华中师大进行交流。徐勇教授及其团队的田野调研给我的印象很深，对我的学术研究帮助很大，至今我依然受惠于徐勇教授。另一个就是我决定回国后研究中国的政治精英问题。讲座结束后我去 Pakulski 教授家。他希望我能够研究中国 20 世纪 80 年代的改革者，尤其是高层主政的改革者。他的理论旨在于作一个比较研究，具体说来就是政治精英与东欧国家、中国的社会转型的比较。他原本是波兰人，曾在华沙大学读书。他对社会主义国家很有研究，对中国也很有兴趣，只是不懂中文，但是，中国的议题对于他的比较研究很重要。他后来受邓正来教授邀请前往复旦大学访问。邓正来教授让我从杭州赶到上海，参加他的讲座并担任评论。有趣的是，那次访问上海时，Pakulski 教授告诉我，他儿子娶了一位华裔的马来西亚姑娘，不知他是否是想通过儿媳了解中国。尽管我本人并没有接受他的建议做此研究，但是，为精英问题所吸引，我后来的博士论文就是从政治精英角度切入中国农村选举问题的。2017年，在华中师范大学召开的纪念《村民委员会组织法（试行）》颁布30周年暨深化村民自治研讨会上，徐老师不无感叹地说，曾经红火的村民自治只留下了不到两只手的手指头数量的学者在关注，现在大家都关注"治理"问题了。

世纪之交，何包钢教授和我先后从澳大利亚前往新加坡国立大学东亚研究所工作、学习。那时西方协商民主理论研究与实务正在兴起，而何包钢教授同当今西方研究协商民主的主要学者有密切的交往。在新加坡时，我们就有想法将一些英文著作译成中文。为此，我联系了浙江大学出版社，但那时出版社出于非学术的考虑而没有促成此事。后来看到中央编译出版社出了西方一些协商民主研究的译著，这些著作中有一些是我们当初列入译作的目录，这样我们也没有什么遗憾了。2004年上半年我从新加坡回到杭州，何包钢教授比我略早些时候回到了澳大利亚。我们离开新加坡前商量，等我回到浙江大学后在杭州开一次有关协商民主的国际会议，并且在浙江找地方开展协商民主的实验性研究（当初商量以斯坦福大学费什金教授的 Deliberative Polling 办法进行实验）。会议于2004年11月在浙江大学召开。应该说当今西方研究协商民主的主要学者都参加了，包括费什金教授、德雷泽克教授。徐勇教授也应邀参加了此会。会议也邀请了一些地方官员包括泽国镇书记与镇长参加，他们两位对西方学者所谈的协商民主很有兴趣。此会议促成了在温岭市泽国镇进行实验。因为费什金教授很期待他的研究方法能够在中国进行实验，他会后受邀访问了泽国镇，这样就开启了我们同温岭的多年合作。我自己的学术也转到协商民主的研究上来，尤其是中国本土的经验上来。

记得2021年年中，徐勇教授委托陈军亚老师联系我，说徐老师受教育部委托主持中国政治学四十年研究成果的梳理，列出了一些领域，其中有协商民主研究，这个领域徐老师第一个想到的人选是我，大概的意思是这样。徐老师将有关协商民主研究列入中国四十年政治学的重要成果，我当然很高兴。但是，诚惶诚恐。不过，我还是根据模板的要求写下了如下的文字："该研究团队以郎友兴教授领衔，汇集浙江大学、复旦大学、上海交通大学、浙江师范大学、东南大学的年轻学者，以浙江大学地方政府与社会治理研究中心、浙江大学民政研究中心等为依托，凝练了相关的研究方向，组建研究团队，在中国协商民主发展的理论阐释与经验研究方面，取得了丰硕的研究成果。"我自己知道，我们的研究成果根本谈不上"丰硕"，只是为了配合徐老师的工作，写上"丰硕"以证明协商民主研究在中国政治学中应该占有一席之地。

政治学人：协商民主理论起源于西方 20 世纪 80 年代，我国在 90 年代引入协商民主后立刻引起学界广泛探讨。您常年专注于协商民主研究，在您看来，中国协商民主理论经历了本土化改造后具有什么样的独特内涵和价值？中国协商民主理论和实践与西方协商民主理论和实践之间有何区别？

郎友兴：在时间上，协商民主理论事实上并非"起源于西方 20 世纪 80 年代"，费什金在其著作 *When the People Speak*（有中译本）中就宣称："协商民主是最能体现古希腊民主的民主模式"，公允地说相关的理论论述早已有之。有意思的是，无论在我们学术界还是官方的媒体，都说我们有丰富的协商民主思想、传统与实践。协商这个概念的确早已有之并且成为中国政党政治的重要特征。但是，另一个经验事实却是这样，如同你们所说的"我国在 90 年代引入协商民主后立刻引起学界广泛探讨"。这是个有趣的悖论。中国学术界对于协商民主的兴趣确实来自西方理论的引介，实践上也是近十多年来的事，并渐渐地成为中国特色社会主义民主最重要的组成部分。鉴于这种情况，我最初将 Deliberative Democracy 译为"商议民主"，怕同我们长期以来所使用的"政治协商"等同起来，而中国台湾学者译之为"审议民主"，因为西方 Deliberative Democracy 同中国的协商民主还是略有区别的。中央编译局将 Deliberative Democracy 译为"协商民主"。大家都接受了，我也接受了，并且我以为中央编译局比我想得深，我猜测译为协商民主在中国政治语境下容易被接受。这是可以理解的。自从党的十八大以来，世界见证了中国协商民主政治的快速发展。从比较的视角来看，无论是较之亚洲还是北欧，中国协商民主的建构与进展可以用"神速"一词来形容。2015 年 2 月所通过的《中共中央关于加强社会主义协商民主建设的意见》中提出了"构建程序合理、环节完整的协商民主体系"。由此，中国的协商民主由政治领域扩展到经济、社会、文化、生态各个领域，形成了由中央到地方直至社会基层，从政党协商、政府协商、政协协商、人大协商、人民团体协商到基层协商、社会组织协商的纵横交织的协商民主网络体系，协商民主将进一步向下延伸，由高层精英走向社会大众。我们很难在西方国家中见到类似这样从立法机构到政府再到政党再到社会的全方位、多维度的协商体系。党的十九大报告相当清楚地表明了这一点："协商民主是实现党的领导的重要方式，是我国社会主义民主政治的特有形式和独特优势。要推动协商民主广泛、多层、制度化发展，统筹推进政党协商、人大协商、政府协商、政协协商、人民团体协商、基层协商以及社会组织协商。"

中国协商民主的内涵自然超出了西方的意义，自然我们也不会拿西方的来界定我们丰富的实践与经验。标准的界定是："协商民主是在中国共产党领导下，人民内部各方面围绕改革发展稳定重大问题和涉及群众切身利益的实际问题，在决策之前和决策实施之中开展广泛协商，努力形成共识的重要民主形式。"社会主义协商民主是中国特色社会主义民主政治的特有形式和独特优势，其价值主要在四个有利于：一是有利于扩大公民有序政治参与，更好实现人民当家作主；二是有利于凝聚共识，化解矛盾冲突、促进社会和谐稳定；

三是有利于促进科学民主决策，推进国家治理体系和治理能力现代化；四是有利于发挥我国政治制度优越性，增强中国特色社会主义道路自信、理论自信、制度自信、文化自信。

谈到中国协商民主理论和实践与西方协商民主理论和实践之间有何区别这个问题，不好回答。不好回答不在于两者没有区别，而是在于，现在我们一谈到中国同西方，就要说些不同、区别，变成一个政治正确的问题了，好像不说些区别，不谈点不同，就没有理论自信、制度自信，就有"美粉"之嫌疑，等等。区别、不同是自然的，不光在协商民主方面，其他的都是如此。其实不谈区分，中西的差异也自然而然会显现出来的。因此，在我看来，重要的是基于中国历史与经验构建出协商（民主）理论，从而推进全球协商民主理论的进展，而不是动辄谈差异、区别、特色。没有理论构建，区别与不同就无从谈起。不怕遭批评，中国有非常多的协商经验、实践，但是，还未有可以同国外进行对话的理论。至少我的感觉是，如果有自己的什么理论，更多的是政治意义、意识形态意义上的，而学术话语与逻辑的成分、成色不足。

政治学人：从理论建构角度来看，在当前政治学整体发展的态势下，构建中国特色政治学话语体系在学界一直热议不断。在您看来，对于中国的协商民主研究如何避免陷入"自说自话"的困境？立足于中国协商民主实践，中国学者应当如何发展协商民主理论并弥补西方协商民主的局限？

郎友兴：有关"自说自话"的困境，一是我不太清楚你们所指的意思究竟是什么，二是如果存在着"自说自话"的情形，我个人认为，不会出现所谓的"困境"，因为道理很简单，既然能够"自说自话"，就不会有"困境"，否则就不会"自说自话"。"困境"恐怕指的是：早些时候似乎很有解释力的西方理论对于中国经验的解释力变得有限或者无效了，而我们自己又无力构建具有解释力的理论以解释中国丰富多样的实践与经验。也就是说，我们手中没有什么可以支撑的学术资源了，由此出现所谓的"自说自话"。我自己分析过西方协商民主实践与理论，包括分析其问题之所在，但是，并没有也没有能力去构建出理论，提供出一个我认为够得上称之为理论的东西。

这里不妨将我自己已有的一个研究拿出来，看看对于西方的评析是否精确。国内外所进行的诸多协商民主实验在许多方面取得了非常好的效果。但是，像盛行于西方的协商民意测验、公民陪审团、专题小组、大规模的协商大会等协商民主实践形式，并未超越政治学界对协商民主理论的四大质疑。首先，代议民主与协商民主的关系不明确使得协商民主目标的失焦，是学界对西方协商民主实践的主要质疑；其次，协商实践中的权力关系的不平衡导致协商议题设定权的失衡；再次，协商议题内容与范围充满了不确定性；最后，西方的协商实践所形成的协商共识与结论在原有制度体系下落实起来比较困难。

西方协商民意测验、公民陪审团、专题小组、大规模的协商大会是有其限度的。

第一，协商民意测验。这是费什金教授倡导的。与普通的民意测验不同的是，协商民意测验首先要使被调查者获得充分信息，同时在此基础上充分协商与讨论，目的是达成一定程度的共识。这种方法需要按照严格的概率抽样的方式抽取被调查者，同时需要通过类似于实验方法的前测与后测来判断被访者的态度有没有通过协商与讨论得到一致改变。这种方法由西方学者发明，斯坦福大学费什金教授使用这种方式在世界各国开展了许多试验。应该说它解决了普通民意测验的一些局限。但是，这种方式需要专业人士的协助，因而操作费用比较高。更重要的问题是，协商民意调查是政府或主办方自上而下的调查，因此这个调查也极有可能出现本文上一部分所述的权力不平衡所导致的协商议题设定权的不平等现象。同时，如果没有相关的制度保障，调查结果也很难能够直接应用于决策之中。

第二，公民陪审团。公民陪审团脱胎于西方司法传统中的陪审团制度。但是公民陪审团不仅限于司法活动，它由一个代表政府的政府委员会开设，由其来选择议题和专家，并以随机抽样的方式抽取陪审团成员。专家的主要职责是为相关议题提供专业的信息，协助陪审团成员进行协商与讨论。陪审团成员在经过充分的讨论之后，要提供一个推荐报告给政府委员会。最终享有解释陪审团的建议并实际指导行动的权力的则是政府委员会。这种协商方式的问题是参与的范围比较小，也不能像协商民意调查那样声称获得了有代表性的样本。不过与上一种协商方式一样，最大的问题便是协商的主办方有可能通过自己的控制权来左右协商结果的解释与落实，致使协商达不到预期的效果。

第三，专题小组。与上述两种方式不同的是，专题小组这种协商民主方式的参与者并不是随机抽取而来，而是直接由与该专题有关的所有个人与团体组成。他们可能对于这个专题持有各自的意见与看法。由于这是一种只涉及一定区域内部分居民的方式，因此与该议题相关的人员都可以参与，这种协商民主方式的规模一般来说不大。这种协商方式由于吸纳了同协商议题相关的人参与协商，因而对议题较为熟悉，这样协商能够更深入地进行。不过，这种方式最大的问题是虽然参与者都与议题息息相关，但是在程序设计的过程中没有解决不同参与者的话语权不同而造成的不平等现象，最后的结果极可能有利于掌握话语权的一方，或者最后具有不同利益的参与方很难达成共识。

第四，大规模的协商大会。大规模的协商大会是随着信息科技发展而诞生的一种公民直接参与协商的民主方式。参与者可以在网络平台上分组直接表达出自己对于协商议题的看法，而其他参与者则可以直接作出回应。然后主办方将相关意见进行汇总，形成一些解决方案和一个建议的初步报告，每一个参与者都会收到这份报告。这种协商方式的最大问题在于很难保障参与的深度，最后的结果由于不能从制度体系中获得合法性而不具有法律效力，也很难被落实。此外，主办方的主导权没有得到制度性的限制，因而容易导致在议题设定和共识解释的权限上的不民主。

我认为，中国的实践（我比较了解浙江温岭的民主恳谈、浙江余杭的"众人的事由众人商量"、北京朝阳的党政群共商共治体系等地的经验）超过了西方的经验。这些年，每年都同费什金、沃伦教授等西方学者交流，某种意义上他们很是"妒忌"我们中国学者有这么多的经验可调查、可参加，而在西方很少、很难。这几年，徐勇教授所在的华中师范大学提供了中西研究协商民主学者交流的一个平台。中国的实践可以回应对于西方协商民主理论与方法的质疑。首先，浙江温岭的民主恳谈、浙江余杭的"众人的事由众人商量"、北京朝阳的党政群协商共治体系通过体系等经验理顺了协商与代议之间的关系，同时在代议体系并不强势的情况下，党政群协商共治体系能够为人民服务，使得协商目标落实在公共需要之上；其次，浙江温岭的民主恳谈等经验表明，实践的议题设定有着丰富且民主的渠道，通过上下结合的方式，协商议题设定权的不平衡得到解决；再次，通过问需、问计、问政的方式解决了西方协商程式中协商内容与范围具有不确定性的问题；最后，从浙江温岭的民主恳谈、浙江余杭的"众人的事由众人商量"、北京朝阳的党政群共商共治体系等经验来看，它们设立了一整套监督与评估机制，使得不同主体对共商共治工程实施的项目和程序有着较好监督，保障协商结论能够得到有效落实。基于此，我认为，中国协商民主的系统化与制度化的努力是一种超越了西方经验的协商民主新路径，只是我们的理论没有跟上。

政治学人：为建构中国特色协商民主理论，许多国内学者纷纷回归中国传统儒家文化寻找中国的协商政治传统，例如中国传统的谏官制度、言官制度、廷议朝议等。那么，您认为中国传统儒家的协商政治因素能够为现代协商民主理论和实践发展提供哪些新的视角？我们又应该如何看待中国传统儒家的协商政治因素？

郎友兴：我的古代中国政治知识有限，不能做更多的评论。了解历史是重要的，中国政治学研究需要历史的维度。徐勇老师近几年来回到历史，做出了引人注目的成果，我认为这些成果从长时段来说，恐怕不亚于他所开启的村民自治研究。中国人民大学杨光斌教授倡导历史政治学也是值得期待的。我是了解到国内学者回归中国传统儒家文化寻找中国的协商政治传统这个情况的，并且已经读过了一些研究文献。例如，我有幸先读到何包钢教授还未正式出版的《通往国家治理现代化：协商民主的新路径》的书稿。在这本书稿中，何老师专门辟出两章（第四章"王道理想和协商民主"、第五章"儒式协商：中国协商的源与流"）加以讨论。我在我所提供的审读意见书中这样写道："他对于协商民主的中国传统因素作了系统的梳理，在此基础上提出了儒式协商，丰富了人们对于当代中国协商民主政治的理解。"现在，我依然认为，梳理中国传统儒家文化中的协商元素是有意义的，也是有必要的。是的，中国传统文化中有不少协商成分，例如你们所提到的谏官制度、言官制度、廷议朝议。但是，我认为有两点需要认识到位。一是谏官制度、言官制度、廷议朝议这些协商是中国传统专制制度下的统治术，并且世界各国的历史传统中都普遍存在着，并非中国特有，只是中国历史悠久且形式丰富而已。原因很简单，没有一个统治者或统治集团天天举着大棒，天天让人们闭嘴，刚愎自用，堵塞民意，堵塞"官意"（这是个临时想起的概念，指相对于民意的来自官僚集团内部的声音），而能够维系住统治与社会秩序的。二是它们不是民主政治本身。因此，重要的是如何将其纳入或者嵌入当下中国协商民主政治的实践之中，这需要政治智慧，不是简单移植就行的。

政治学人：从制度化角度来看，约翰·密尔曾提出，政治制度的问题不在于其能否"设计"，而在于如何"设计"。而当前我国各地基层协商民主实践的发展主要依靠地方政治精英的推动，协商民主的有效性实现并不稳定。那么，从制度层面来看，您认为应当如何实现中国基层协商民主实践的程序化和制度化？

郎友兴：根据我自己对于温岭、余杭等的经验研究，我认为，中国的协商民主运行可以是持续的，可以是有效的。基于对温岭市泽国镇、余杭区小古城村等的研究，我总结了中国基层协商民主有效运行并可持续的三个条件，也就是你们所提出的如何实现中国基层协商民主实践的程序化和制度化的条件。这三个条件可以归到制度主义所提到的主客观的约束性。在解释人的行为时，理性选择学派和历史制度主义者分别将主观能动性和客观约束条件视为影响行为的主要因素。

（一）联结各项价值观，实现协商民主的价值。

小古城村等的协商民主实践的有效运行在于其制度设计联结着各项社会价值，以民主创新的方式实现了协商民主的价值。

第一，协商民主的包容性与多元性。不平等参与是民主政体尚未解决的一大困境。为了回应这一挑战，许多民主制度开始反思创新，例如解决包容性问题——试图改变那些将某些社会团体排除在外的有差别参与，以便应对宏观政治体系中存在的政治不平等现象。包容性是协商民主的一个重要特征，亦是协商民主获得合法性的一个重要因素，其主要从三个维度解决包容性的问题：一是"谁是人民，谁有权参与"的问题；二是谁真正参与了的问题；三是制度设计对公平表达的影响方式问题。小古城村的"谁来议"就体现了包容性与多元性理念的价值。

第二，协商民主的人民性。在费什金看来，协商民主可以设计一些协商的机制，使"人民自己作主"这一民主政治本义重现，促使政治人物必须倾听人民的声音，认真了解人民的需求，否则就无法在选举中获得人民的支持。就表现形式而言，民主确实是人民定期或不定期的投票，但其本质在于平等地展现出所有人的意志，激发公民公共参与的主动性和创造性，通过自由平等的对话和协商达成政治共识，以此来制定和执行公共政策，让人民能够充分享受国家和社会发展所带来的福利。人民的主体性也是公共性的问题。公共性对协商民主的正常运转是至关重要的，因为一方面协商民主及其决策要从公众那里得到认可并获得合法性，另一方面公共性带来了更具有公共精神的决策，减少了自私自利的判断。不过，人民的主体性容易被忽视，因为在现有的制度框架下"参与实际上对政治决策的影响往往微乎其微，因为公民的观点经常被忽略，或者参与的过程和结果会被政治权威所操纵以便迎合他们自身的利益"。

第三，程序性。程序具有重要的价值，民主制度建设的核心就是程序建设。协商的程序是指进行协商、达成共识过程中所遵循的方式、步骤、时限和顺序。协商的程序实质上就是对协商的基本的规范、要求与限制。程序性当然是协商民主的重点，因为程序是协商民主有效运行的必要条件，尤其对于较不重视程序及其程序正当性情形下的地方治理来说，程序性更为重要，也正是程序性的特征把协商民主同各类座谈会、咨询会区别开来。协商民主的程序性需要平等原则，需要责任原则，需要公开性原则。平等原则不只是参与层面的平等，更重要的就是如同费什金教授所认为的，透过协商的过程，可以让公民平等参与的结果不会产生多数暴力。而责任原则意味着参与者的想法和意见必须能经受住利益相关者群体的审查，而不能信口开河，随意承诺。公开性原则要求理由的提出场所和内容是公开的，程序是公众知悉的，协商过程是公开的。

（二）协商民主制度外的力量：政治与公众的支持。

尽管制度设计十分关键，但是协商民主有效运行需要制度外的力量的支持和其他条件的支撑。首先是政治和社会公众的支持。一项制度设计即使很精良，可是如果不能得到政治上的支持，不能赢得公众理解和支持，那么也是不可能有效运行并实现其价值的。在中国地方或基层，政治、行政、财政等支持可为协商民主创新实践提供空间和推行机会。政治主要表现为政治领导人和官僚体制中的官员。在政治上的支持首先来自中央，经验反复地表明，在目前的中国政治与行政体制中，"如果不是中央政府明确运行试点，地方政府自行决定变通政策落实是要冒较大风险的"。政治上的支持表现为党政部门的多方参与和支持。例如，从浙江的经验来看，组织、宣传、统战、政协、民政等部门都不同程度地参与了城乡基层协商。例如，在临海市的村级协商民主中临海市委统战部起主导作用；余姚市将统一战线与基层协商民主结合起来，由余姚市委统战部门牵头协调；而在海宁市斜桥镇村级民主协商中，海宁市政协发挥着重要作用。因此，需要理顺党委、政府、人大、政协等政治组织在推动城乡社区协商民主中的权责关系，形成权责清晰的城乡社区协商工作机制。在中国，政治上的支持还表现为政策的出台和财政上的资助。

对于基层乡村的协商民主运行来说，官僚体制中的官员的支持很重要，来自县乡（包括街道）党和政府官员的支持尤其重要，因为县乡级党和政府作为城乡社区协商民主的主要推动者和实际操作者，也成为完善基层协商制度的主要力量。官员的支持表现为官员的责任心与积极性，推动协商民主就需要打破原本地方政府主导的决策"惯例"，而习惯模式改变需要地方官员的能力，更需要他们的决心与勇气。

当然还需要赢得社会大众的理解与支持。协商民主在基层扎根的一个强大动力来源于民众的民主诉求，民主的利益诉求推动着中国基层协商民主的发展。正如小古城村自己所总结的那样，在该村协商民主的推进中，上下联动是前提，而自上而下的协商模式离不开镇村网格三级党组织的密切配合：自下而上的协商模式，能确保协商议题从最基层群众的利益出发，较好地激发群众参与协商的主动性；自上而下的审查把关，则能确保协商议题具备合法性，并让利益达到最大化。

（三）协商民主需要有效地嵌入、联结到其他制度。

中国基层协商民主制度的有效运行，需要探究协商民主如何能更有效地嵌入、联结其他制度，要有人民代表大会制度和人民政协制度的嵌入，要嵌入到基层治理结构之中，要联结到政府环境决策与执法机制之中。用小古城村的总结来说，要使基层民主协商"长效运转"，必须有一套行之有效的制度予以规范。首先，需要嵌入与联结到党的制度与工作之中。其次，需要处理好两个关系。一是基层社区协商与基层自治的关系。协商民主不是取代村（居）民自治，而是助力自治，或者弥补村（居）民自治的不足。为此需要加强制度建设并加强与村（居）务公开、村（居）务监督、村（居）民代表大会等制度的衔接。二是明确城乡基层社区协商是地方协商的重要组成部分，要加强基层协商与乡镇、街道协商的联动。再次，需要成文的制度的指导和支持。目前而言，宪法中尚无专门条款对社会主义协商民主包括城乡社区协商作出明确的规定，而法律中也只有《中华人民共和国村民委员会组织法》和《城市居民委员会组织法》中对城乡社区协商作了零星的原则性规定，缺乏有关基层协商民主的如权利义务、协商内容、程序等的法律法规，而主要依靠党委和政府出台的政策文件获得制度供给，以成文的制度或文件指导基层协商民主。小古城村就是根据余杭区委《关于进一步规范城乡社区民主议事协商工作的意见》，总结出了"议什么、谁来议、怎么议、议的效力"的四议工作法，实现了基层社区协商的有效运行。

当然，协商民主的有效运行还需要经济、财政、公民文化等支撑，这是自然的，无须多言。

政治学人：在西方政治体制中，协商与民主是不可分割的整体，而从中国传统政治制度角度来看，协商并不意味着民主，协商可能是权威的。在您近期的研究中也提到，由于公民环境意识勃兴与环境威权主义之间存在张力，因此协商民主开始作为一种治理资源嵌入环境治理结构。那么，您认为在协商民主治理过程中，应该如何平衡协商民主中协商和权威之间的张力？

郎友兴：对于以上的问题，我想换个角度来谈。主要是两个方面。一是中国协商民主的特征问题。上面第二个问题已经涉及了。二是中国协商民主的两个取向及其趋势。这两个问题是我近来集中在思考的，在几个学术研讨会上作过交流，只是杂事多而未能写成文章。

在《中国协商民主的双重性格》中，有关中国协商民主的特征问题，我曾经提出过"双重性格"的说法。我的观察结果是这样：五个"难以"。中国的协商民主，一是难以以西方协商民主理论来分析定位，难以以西方协商民主经验实践加以一个个地对照，二是难以以中国传统协商经验加以分析，三是难以以政治协商来界定或框定，四是难以单纯从协商维度来看待中国的协商民主，五是难以单纯从民主维度来看待中国的协商民主。这些"难以"背后在于中国的协商民主具有多维的双重性，至少有四个维度的双重性。我曾经从四个方面（协商目的与动机、协商手段、协商功能定位、协商内容）来分析双重性。基于协商目的与动机的双重性是吸纳性的权力分享 VS 分摊性的责任机制，基于协商手段的双重性是动员、整合 VS 合作，基于协商民主功能定位的双重性是工具性 VS 价值性，基于协商内容的双重性是政治性 VS 事务性。初步的分析结论是中国协商民主具有双重的特点，它既超越民主，又超越协商本身，当然也非简单的"协商＋民主"，具体表现为：（1）超越民主的协商民主——以治理有效性为导向的协商民主。尽管用"协商民主"这个词，但是，这里的"民主"已经成为一个约定俗成的使用方法了。中国意义上的协商民主是一个工具性的治理机制。（2）超越协商的协商民主——作为动员、整合、合作的机制的协商。这实际上就是从行政动员回归到政治动员。新时代的"群众路线"模式（新版的"群众路线"）协商民主在更高层面恢复了中国的协商政治的传统。新时代的群众路线，是动员、整合与合作的机制。这并非说中国的协商民主缺乏协商民主的基本要件，包括西方意义的协商民主的基本因素，其在某种意义上可以说甚至在制度化与程序化方面的努力超越了西方协商民主的进展。英国埃克塞特大学（University of Exeter）的 Catherine Owen 博士，在华中师范大学政治科学高等研究院/中国农村研究院主办的"亚洲协商治理学术研讨会"（2019 年 5 月17—18 日）上发表了题为 "Civic Participation in Local Governance in Russia：Between Pluralism and Control" 的报告。在这个报告中，她用 "authoritarian neoliberal governance" 来表述中国公民参与协商的新形态。这当然是一种新的协商民主，然而，需要思考的是，它属于一种新的民主类型吗？

在《商量与审议间：中国协商民主的两种取向》中，对于中国协商民主的理解，我的观察结果是这样：在中国对于协商民主存在着两种理解的取向，即审（商）议与商量，并且中国的媒体与学术界越来越将"协商民主"拉向商量的维度。尤其自 2014 年 9 月习近平总书记在庆祝中国人民政治协商会议成立 65 周年大会上的讲话之后，"在中国社会主义制度下，有事好商量，众人的事情由众人商量，找到全社会意愿和要求的最大公约数，是人民民主的真谛。""我们要坚持有事多商量，遇事多商量，做事多商量，商量得越多越深入越好。"党的十九大报告也明确地指出："有事好商量，众人的事情由众人商量，是人民民主的真谛。"这样一来，从"民主是好东西"到了"商量是个好东西"。类似的有"商量，中国的民主智慧"，"商量思维"的时代价值和"中国式商量"等概念或提法，还说"通过商量出办法、出共识、出感情、出团结"。协商当然是一种商量，也需要商量，但是，目前看来，中国协商民主中商量取向压倒其他取向。但是，这还不是全部，更不是根本。无论是商量取向还是审议取向，在中国两者不约而同地将协商引向了治理的方向，趋于治理的面向，即所谓的"协商治理"。

这也不是中国独有的趋势，西方似乎也是如此。在西方学术界也有不少学者持有趋于治理的协商民主观，认为协商民主本质上是一种治理行为，是对公共利益的界定和规范。在分析西方协商民主的动力因素时，功能主义者如德雷泽克认为，协商民主的主要功能是提高国家治理能力，协商民主有助于加强政府面对复杂问题时的治理能力，还可以缓解社会矛盾。美国斯坦福大学费什金教授认为，协商民主有利于促进互信、扩大共识，从而有助于控制和缓和社会矛盾。瓦拉德兹认为，"协商民主是一种具有巨大潜能的民主治理形式，它能够有效回应文化间对话和多元文化社会认知的某些核心问题"，促进不同政治话语的相互理解，尤其强调对于公共利益的责任，支持那些重视所有人的利益与需求的公共政策。何包钢和马克·沃伦在发表于2011年的一篇论文中也认为，中国的协商民主同样具有鲜明的功能主义特征，各级政府主导的协商民主实践的主要目的在于解决政府治理困境，政府借协商民主制度提高治理能力、缓解社会矛盾、降低社会治理风险。对于中国多数务实的地方政府来说，是否选择或推进协商民主制度取决于它能否解决当地经济社会发展过程中所产生和存在的诸问题。因此，中国的协商民主尤其是地方、基层的协商民主具有明显的工具化色彩，而其价值维度就略显不足。趋向于治理面向的中国协商民主，是追求治理的绩效而超越民主价值的一种协商民主，所表明的是协商民主的工具理性而不是价值理性的一面。中国的协商民主是一个工具性的治理机制——通过协商制度的建设以健全治理机制，以问题为导向解决问题，以协商为工具获取合法性。有关协商民主治理功效的表述有不少，典型的如："引入和倡导协商民主有利于提升我国公共政策的合法性"，"协商民主可以更好地指导中国改善民主治理的质量"，"协商民主符合构建社会主义和谐社会的需要"。

政治学人：您常年从事地方治理和协商民主研究，积累了大量基层实践经验。在访谈的最后，可否请您谈谈您这么多年的研究经验和感悟？

郎友兴：因为我的研究经验不多，要谈研究经验和感悟，勉为其难，更何况要对"广大的政治学人们"来谈。逻辑应该是这样的：经验多，教训理应也多，也更深刻。而我因为经验不多，所以，教训也无多。勉强说几点。

第一，年轻的学者对研究方法的掌握，尤其量化、大数据分析等技术手段的掌握。我的掌握主要指能够运用就好，在具体研究过程中，你所掌握的研究方法，无论定量还是质性的，还是别的方法，能够运用就可以，不必（不求）精通，除非你想成为研究方法的专家。我在从教的浙江大学政治学系，这些年教过的本科生中只碰到一位数学特别厉害的学生。他计划先攻读统计学的研究学位，再回到政治学的研究。我对他充满信心，支持他的计划。他最终申请到比利时一所统计学专业相当厉害的大学，成为统计学专业的一名研究生。其他学者和我本人都多次作过比喻，研究方法的运用就好比开车，我们是司机，知道如何开车、开好车就行了，至于汽车发动机如何工作，那是工程师的事，甚至还不是工程师的事，更可能是物理、机械等领域的教授们的事。在国内学术界，对于政治学界研究的量化趋势现象越来越担忧，尤其比我年长一辈的学者对此多有批评，甚至有些反感。我个人主张，年轻学者无论做什么方面，掌握方法是基本的。至于反感，我觉得没有必要，国内政治学研究中存在过分量化现象，或许是必然的，没有经过这个阶段或许中国政治学（politics）就不能走向政治科学（political science）。但是，对于年长学者的担忧，倒是需要好好对待的，要做出有意义与价值的学术，方法只是手段，比方法更为要紧的是研究问题本身、研究的理论旨趣、理论的对话、理论的构建。

第二，实证或经验研究。中国政治学的实证、经验研究不是太多了，而是远远不够。掌握第一手的经验材料是值得我们继续努力的。掌握经验材料多多益善这一想法没有什么不对。但是，问题在于，什么情况才能说经验材料丰富、扎实呢？恐怕没有一个统一的标准。但是，问题不在这里。如果没有研究问题，没有问题意识，或者不能从材料中发掘研究问题，再多的材料，再丰富的第一手资料也没有什么意义。你对一个村庄的了解即使有四五十万字的调研笔记，又能够怎样呢？你终归比不过村书记、村主任、村会计或者任何一个年长的村民对于村庄的了解吧（同事毛丹教授在一位博士生开题时曾经有过这样的善意批评）。所以，就社会科学研究来说，经验材料固然重要，但更重要的是问题以及对问题的切入框架（framework），毕竟现实社会现象丰富而复杂，我们只能掬其部分，而实践又是变动不居的，更何况要穿透复杂的现象并非一是件容易的事。

第三，比较的意识。我这里讲的比较当然是一种方法，更主要的是一种研究意识。我将比较上升到社会科学研究的本质上加以理解，就是说社会科学的研究本质上是比较的。没有比较（方法与意识），研究结论都是存疑的。例如，如果不放到比较的维度来省察的话，所谓的特色、特征，所谓的地方性知识，都是"自说自话"，至少在社会科学意义层面上还缺点东西。

第四，智库与咨询报告。越来越多的学者介入政府事务之中，提供咨询报告，提供对策研究。我支持将研究论文写在中国的大地上，尤其作为治国理政学问的政治学学者更应该如此。只是作为学者，而不是智库人员本身和政府工作人员，我们要明白在智库与咨询报告中我们扮演什么角色，能够做些什么。没有哪位学者敢夸口说自己比政府官员更了解政府的实情和运作。我个人认为，学者的角色或者长处不在于为政府提供第一、二、三、四条具体的对策与办法，而是在两个方面作出贡献：一是现象背后的东西，二是为政府的决策提供理论支撑或者思考的方向。不算题外话，我对于大学里越来越以咨询报告和行政官员的批示作为评价标准（如什么级别的批示相当于什么级别的课题或者学术刊物的论文）这一现象，较为担忧。

别的也说不上什么，能够说上的，其实别的学者已经说了，说得比我好，说得比我早。最后，谢谢"政治学人"平台，谢谢各位读者！

采访编辑：赵文洁

采访时间：2021 年 7 月 21 日

彰显政治合法性研究的中国话语

——对话张星久教授

编者按 什么是政治合法性？怎样建构政治合法性？政治合法性的制度基础、思想渊源和文化根基是什么？如何在世界性政治危机面前建构中国政治的合法性，树立中国良好的国际形象？如何用中国话语、中国经验、中国智慧解决世界治理难题？本期"政治学人"平台专访武汉大学张星久教授，探讨如何在政治制度、政治思想和政治文化中研究政治合法性，如何实现政治合法性的本土化。

本期学者 张星久，山东菏泽人，武汉大学政治与公共管理学院教授、博士生导师，武汉大学地方政治研究中心主任。主要从事中国政治制度、政治思想史研究以及中西政治治理理念方面的比较研究，主要著作有《新编中国政治制度史》、《中国近现代政治思想述论》、《中国政治思想史》（近现代部分）、《中国政治思想史》（古代部分）、《"圣王"的想象与实践：古代中国的君权合法性研究》等，在《政治学研究》《武汉大学学报》《学海》等刊物上发表关于政治合法性、君主专制政体类型分析、儒家思想的历史困境与现代价值以及中国政治制度等方面的系列研究论文数十篇。

政治学人：张老师您好，非常感谢您接受"政治学人"平台的专访！您是在 1978 年进入武大历史系学习的，历史学厚重的文化积淀奠定了您从事政治制度和政治思想史研究的基础，这段经历对于您成长为政治学者有什么影响呢？

张星久：非常感谢你们的访谈！应当说，这一段学习经历对我后来从事政治制度、政治思想史研究的影响和帮助是非常大的。我们都知道，政治制度、政治思想史是历史学和政治学的交叉学科，从事这方面研究既需要一定的历史学功底和素养，又需要政治学等社会科学方面的知识武装和方法训练。在历史学专业的学习经历，首先是让我深受老师和各位学界前辈的感染和熏陶，增加一些对知识、对学术研究的庄重感和敬畏感，培养了勤奋刻苦、扎实严谨的治学精神与态度。这些老师和前辈以他们自身的学术实践，让我知道"文章千古事""文章不教半句空"的道理，让我明白，做学问要肯吃苦，老老实实，打好扎实的"童子功"，不能投机取巧，老想"抄近路"。其次是让我受到了搜集、运用文献资料的能力方面的训练。特别是在读研究生的时候，老师为我们开设了版本目录学、文献学方面的课程，使我受益终身。让我在浩如烟海的历史文献面前，大致能够知道，研究某类问题需要从哪些方面找资料，需要看哪些方面的基本材料；也让我能大致知道，哪些是第一手资料，哪些是间接资料，哪些版本的资料比较过硬、可靠。这样，在使用资料时就不容易出现"硬伤"，不容易给人留下"不专业""外行"的印象。比如，中国古代有一些历史文献，经过考证是后人的伪作或者伪托，在使用时要非常谨慎，否则就会闹笑话。再就是我在研究生阶段学了关于官制史、中国政治制度史的专题课程，这使我初步了解了研究这方面问题有哪些基本的志书、类书，也对该领域的研究进展、存在的问题有了初步了解。同时，我的本科、硕士毕业论文写的都是宋代官制、政治史方面的问题，后来，我正是根据在硕士期间写成的草稿以及硕士论文的基础上，在《中国史研究》（1987 年第 4 期）上发表了《关于南宋户部与总领所的关系》，在 1993 年召开的"岳飞暨宋史国际学术研讨会"上提交了《阴影下的宋高宗——论高宗的皇位合法性危机与其对金政策的关系》一文，并入选了该会议论文集（中华书局，1996 年）等，这些也算是为后来的研究打了一点底子。

政治学人：从您早期的著作，如《新编中国政治制度史》来看，您早期的研究方向是政治制度，之后在日本同志社大学做访问学者的时候，萌生了研究传统中国君权合法性问题的意识，并创造性地主张将制度研究与政治思想、政治文化研究相结合，您是如何将政治制度、思想和文化结合起来研究政治合法性问题的呢？

张星久：首先起因于在政治制度的教学和研究过程中，逐渐产生的一些疑惑，以及对"政治制度"的一些假设性思考：一种政治制度为什么会在历史上持续存在、长时间被人们接受？一定是因为它能在大体相近的社会历史条件下，能够满足一个共同体持久而稳定的需要。换句话说，一种持久存在的政治制度，应该是一个共同体、一种文化系统持续筛选的结果，而一代又一代人之所以持续地选择某种制度，一定是有理由、有某种理念支撑的，从而任何政治制度的产生与持续都是有其"观念原型"的。结合具体的制度，比如古代中国的官僚组织和官僚制度，会发现，它也有和现代官僚制度一样的、某种程度的"自主性"，这种自主性的产生有其特殊的原因，就是儒家思想本身的超越精神和独立精神的影响，这样研究中国古代官僚制度的时候，就不能不涉及儒家思想或由此形成的儒家政治文化了。因此，为了更好地理解一种制度的形成与延续，自然就得追问到政治制度与思想观念之间的关联了。不过，当时这还只是一个初步的想法。后来接触到新制度主义经济学、政治学，它们把文化观念、意识形态看作制度的内在组成部分，这使我更加明确地意识到，研究政治制度，如果不研究支撑它的文化，不研究它背后的思想观念，是没办法真正理解它的。

更直接的契机，则是起因于对古代中国君主制政体的道义基础的思索。研究中国传统的政治制度，首先就得研究这一政治制度的核心，即君主制度或者君主专制政体。而当你面对一种在中国历史上延续了几千年的君主制政体的时候，就不能不产生这样的问题：它为什么会延续这么长时间，为什么会有这么顽强的生命力？它存在的理由是什么？或者说，古代的中国人持续地选择这种制度，是基于什么样的价值观，基于一种什么样的关于理想制度的"设计原理"？这样，就从制度追问到了其背后的道义根据或者思想根基问题，也就追到了合法性问题。由这种政治统治的合法性问题又联想到：既然是这么重要的问题，古人就没有思考过吗？问题到了这里，一下子就柳暗花明。原来，古人虽然没有合法性这一概念，却从来没有停止过对合法性问题的探索和思考。比如什么样的政治统治、统治者才是最好的，什么样的君主才值得我们服从之类的问题，其实一直是他们关注讨论的问题。特别是在中国传统的史学理论中，以及在历史著作的修撰过程中，一直存在着有关"正统论"的讨论：在历史的长河里，在编年史的时间结构中，究竟哪些政权、王朝更符合或接近理想的政治统治，更符合人们心中的道义标准，也就是更具有正统性？这不就是在讨论今天所谓的合法性问题吗？只不过，过去我的问题意识没有到这里，才对古人的这些讨论视而不见。而按照韦伯的观点，合法性既离不开统治者"唤取"合法性（亦即合法化）的努力，同时也直接产生于被统治者基于某种信仰基础或政治价值规范而产生的自愿服从。因此，研究支撑合法性的信仰模式或者规范体系，即研究有关导致合法性的信仰结构（价值规范）是什么，以及它是如何产生的，又是如何通过统治者的种种合法化实践（表达或者表演）影响社会成员产生自愿服从动机，进而使合法性从理念、理想转化为现实的，就成为合法性研究中的核心问题。

可以说，从思考传统政治制度、君主制政体背后的观念原型，进而延伸到合法性问题，再到追问合法性背后的支撑信念、观念系统，从而发生了从政治制度到政治思想研究的"越界"与转移，是一个自然而然的过程，是不断追问的结果。

政治学人：您是较早把政治合法性的研究视角引入中国本土经验的中国学者，特别是您去年出版的著作《"圣王"的想象与实践：古代中国的君权合法性研究》，在学界引起了很大的反响。我们知道，马克斯·韦伯最早提出了"合法性"的概念，并提出了建立在传统、魅力和法理三种合法性基础上的三类权威。那么，您研究的中国古代政治合法性问题，与韦伯提出的合法性问题特别是传统合法性权威问题之间是一种什么关系，在韦伯的问题基础上取得了哪些推进，在学术上呈现出一种怎样的"中国话语"特色呢？

张星久：我觉得我的研究应该是对韦伯提出的合法性问题的延伸思考，或者说，是把韦伯的问题进行经验化、本土化的一个尝试。韦伯提出的合法性研究问题，揭示了政治生活中人们以往习焉不察的合法性事实，提出了合法性的基本概念以及基本分类，也暗含了进一步研究该问题的大体思考方向，开创了一个新的学术领域，他的贡献当然很大。但是，韦伯只是粗略地提出了合法性的基本概念以及基本分类，并没有进入经验世界去专门地研究这个问题。他引起了后人的一些批评质疑（如哈贝马斯），但同时他在合法性问题上也留下了非常大的学术延展和学术想象的空间。一旦我们把合法性研究放到经验世界、政治实践过程当中，就会进一步思考：合法性到底是怎么发生的？它会涉及哪些主要的变量？而我们从韦伯的定义出发就可以看到，合法性是在统治者和被统治者双方围绕着合法性信仰展开的互动过程中产生的，这样，那种支撑合法性的信念系统或信仰基础就成为理解合法性的关键变量。这样就会发现，合法性研究的核心或者实质问题，就是要研究那导致合法性的信仰结构（价值规范）是什么，以及它如何产生，又如何通过统治者的合法化实践影响到社会成员的自愿服从，进而转化为现实合法性的？这也就意味着，在合法性研究过程中，首先应该把两个层次的问题加以区分：一是有关合法性的信念、价值规范等观念、理想的层次，一是合法性的事实，或者统治者事实上获得的多大程度的自愿服从，二者既有联系，又属于不同层次。前者表达的是一个社会关于政治秩序、政治制度、统治者的应然的和理想的状态，后者反映的是它们"事实上如何"或实际上受到认可的程度；而合法性如何、在何种程度上从规范（合法性信仰、规范系统）转化为事实（事实上获得的认可），则主要取决于统治者对这些规范（信仰系统）的实践（表达或表演）情况。因此，明确地提出把合法性区分为"规范"与"事实"两个层次，进而把合法性研究的核心与实质问题，归结为考察合法性如何从规范转化为事实的过程，这应当是我在韦伯的基础上，在把握有关合法性研究的基本问题和总体方向上的一个新认识和新尝试。

明确了合法性研究的实质与核心问题之后，如何把它"引入"到中国传统政治的经验事实分析当中呢？由于在中国传统政治合法性的三个层次（政体合法性、政权或王朝合法性、君权合法性）中，君权合法性问题涵盖的信息最丰富，更能全面反映传统政治合法性的内涵，从而在研究方面最具有典型意义，这就促使我把研究的重点和范围限制在君权合法性研究方面。而根据以上对"核心问题"的梳理，所谓帝制中国"君权合法性研究"，就是研究有关君权合法性的基本价值规范如何转化为现实的君权合法性的问题。为了回答这一核心问题，起码需要完成以下几方面的研究任务或内容：首先，分析君权合法性的规范基础"是什么"的问题；其次，要追问这种构成君权合法性基础的规范（信仰）系统产生的社会根源是什么？再次，这些规范是如何经过统治者的各种合法化活动，转化为现实的合法性的？最后还要分析，虽然君主也和其他任何统治者一样，都想最大限度地得到统治合法性，为什么有的君主会面临权力合法性危机？同时，君权合法性危机的发展走向是怎样的，是不是出现了君权合法性危机，就一定会走向统治崩溃？

接下来就是方法问题。由于君权合法性研究问题要考察的是历史上宏观、整体的政治现象，特别是在历史的"沉默之海"中，如何打捞思想残片，去呈现一般的合法性信仰的"拼图"？这样的研究问题和任务，使我在总体上只能采取"理解"的而非因果解释的或定量的方法，即主要从宏观的、结构的视角，将合法性的信仰基础（价值规范）理解为一定社会经济条件、文化传统以及政治行为相互作用的产物，是在漫长的历史中，一个农业社会的共同体关于理想的政治秩序、理想的统治者（"圣王"或"好皇帝"）的集体想象，而正是在统治者和被统治者双方围绕着这一信仰基础（集体想象）展开的互动过程中，合法性从观念、从想象转变成为现实。在具体的研究方法和技术上，文化人类学的拟剧理论给了我莫大的启示和帮助。它使我把帝制中国理解为一个表演合法性的国家剧场，把合法性的产生理解为一场广义的戏剧表演过程：正如一场完整的戏剧表演，需要剧班人员（导演、演员）和观众在共同的审美预期（剧本）基础上展开互动，在君主为代表的统治集团（剧班）与被统治集团为主的"观众"之间，也会围绕着某种合法性信仰展开互动，成功的互动意味着民众对统治者的合法化"表演"的认可，意味着统治者获得了某种合法性。

按照这种方法和思路，我首先尝试透过各种纷繁复杂的合法性象征系统和表现形式，对君权合法性问题进行了"观念还原"，认为支撑着帝制中国君权合法性基础的，是一种以强调"君德"为核心，兼具"天命"、"功业"与程序正当性要求的圣王型合法性信念模式，它是宗法农业社会共同体关于理想政治秩序、关于"好皇帝"的集体的、匿名的"作品"与想象，是君主在"国家剧场"中进行合法化表演的"剧本"；而整个帝制中国的礼仪符号系统、意识形态与重大制度、政策与活动，乃至奢侈浪费的生活、气势宏大的建筑等，都是此种合法性信念的象征系统或"元叙事"。而在此合法性信仰的"剧本"或"集体想象"基础上，君主们一般会用好的施政表现去贴近"剧本"设定的角色，也会在表演中力图操控人们的情绪与认知，以最大限度地获得合法性；这也就意味着，帝制中国这种合法性观念系统以及由此形成的君权合法性，既是由统治者的合法性实践加以直接表达和维持的，又是历史的"集体作品"，很大程度上反映的是那个时代人们对良好政治生活的集体向往与想象。而"表演"不成功、不符合民众"审美期待"（合法性信仰）的君主则会陷入合法性危机。一般来说，这种危机会有两个基本发展方向：有的君主面对危机会励精图治，化危机为转机，逐渐赢得更多的合法性而巩固权力；有的则追加暴力、错上加错，从危机走向崩溃。

以上大概就是我在合法性研究中做的一些工作。我尝试从韦伯的合法性问题中引申和提出了一些新问题、新角度，也取得了一些新的研究收获，形成了一点新语言，这对开拓中国传统政治合法性领域，乃至拓展和丰富整个合法性研究领域，或许不无补益。我在这项研究工作中的体会是：学术研究确实是一件老老实实的工作。学者应该是在前人的基础上，顺理成章地提出有价值的、可以在经验和理论上延伸思考的问题，然后踏踏实实地按照学术规范，遵循学术研究的规律开展研究，自然就有自己独特的学术发现，形成有特色、有影响力的学术话语。就是说，学术话语特色、学术话语影响力不是靠空喊口号喊出来的，你作出独特的学术贡献，拿出了好的学术作品，自然就会有话语特色和话语影响力。

政治学人：法国学者让-马克·夸克在其著作《合法性与政治》中提到"合法性已经成为'现代政治生活的核心问题'"，有人说我国政府面临从历史合法性、绩效合法性向法理合法性的转型，您如何看待我国的合法性问题呢？您谈到的古代圣王型合法性对我国当代社会又有何启发意义呢？

张星久：先回答一下第一个问题。在一定意义上我理解并且认同这些学者的观点。因为，历史对于一个政府、一种制度的选择，以及执政者历史性的成功和显著的经济发展绩效，确实既能反映当时条件下的民心所向，又能进一步赢得民心，对合法性具有强大的建构力。但是人们毕竟生活在现在，人们判断一个政府做得好不好，毕竟不会只看过去，更要看现在。随着时间的推移，由历史的成功所赢得的合法性会逐渐弱化、流失。特别是随着传统观念的变革，社会日益开放，人们在进行政治评价和政治判断的时候已经更趋理性、务实，因此会更加重视政府的治理绩效，特别是会更加重视政府在推动经济发展、提高人民的生活质量和生活幸福感方面的成效。同时，随着人们的公民权利、民主参与等意识的日益提高，单纯的生活改善、经济发展已经不能满足人们日益丰富多元的经济社会与政治诉求。所以切实保障宪法和法律赋予公民的各项权利，推进和完善社会主义民主法治，就成为在新的历史条件下合法性建构中的一个重要课题。至于我国政府是不是正面临着"向法理合法性的转型"，这还需要进一步的研究，我个人认为重要的是，在当前我国政府的合法性建构方面，应该在重视历史合法性、绩效合法性建构的同时，更加重视社会主义民主法治建设，以强化法理方面的合法性。

再说第二个问题。对古代中国政治合法性的研究，首先可以使我们更加深切地认识合法性问题在政治生活中的重要性。大量的历史经验让我们知道，一种政治制度、政治统治权力光靠强制性的暴力，而没有民众基本程度的支持和自愿服从，是无法长期维持的。其次，从长时段的历史角度看，政治合法性的生成与维持固然离不开当政者、统治者的合法性建构，甚至是意识形态方面的操纵宣传，但更重要的还是取决于当政者、统治者的实际作为，取决于他们能否代表和满足人民的利益，或能否代表和满足一个社会共同体的公共利益和集体诉求。正如上面所说，那种支撑着统治合法性、能够让社会成员自愿服从的合法性信仰或者说价值规范，并不是由哪个统治者或当政者任意操纵的，实际上是一个共同体在漫长的历史过程中积淀形成的。在不同时期，虽然表达合法性信仰的话语形式不同，但都是在很大程度上反映了社会对公正、道义的要求，代表了当时条件下人们对良好的政治生活、政治秩序的共同愿望和期待。所谓"公道自在人心"，所谓"天地之间有杆秤"，就是这个道理。这就要求我们，在任何情况下都不要忽视民众所具有的独立判断标准和判断能力。在构建现代社会的合法性时，固然要重视通过宣传教育进行合法性论证，但绝不能误入歧途，以为合法性建构就只是靠忽悠，而是要更加重视通过实际行动、通过出色的表现来赢得民众的支持与拥护。

政治学人：今年是新中国成立 70 周年，"中国治理模式"越来越得到世界认可，也引起了一些讨论。您专门从文化差异上比较过中西政治模式的不同选择，提倡儒家"仁"的政治智慧，提出国家形象塑造的目标是追求"美好国家"，而非"完美国家"。您认为我国应该如何向世界传递中国的政治治理模式，传达中国"仁"的政治思想呢？

张星久：我觉得首先要调整好心态和姿态。在对待中国传统文化和其他民族文化的时候，要有一个平和的心态。对中国的文化既不要高估，也不要低估。中国的文化包括传统政治文化中有好的东西，也有不好的方面，要实事求是，是山还他一山，是水还他一水。要心平气和地对话、沟通，切记不要焦躁地喊话，更不要训话。焦躁、过分情绪化地去宣传中国文化，既达不到沟通交流的效果，也容易给人留下不自信的印象。

其次，要站在时代的高度，在现代视野下准确地诠释、挖掘以

"仁"为核心的传统政治思想的精华。根据我的理解，"仁"的思想中有两个最值得珍视的精神：一是"仁者爱人"，把人视为"万物之灵"，认为"天地之大德曰生"，珍视和敬畏生命；二是"仁者人也"，强调把人当人来看待，努力让人活得像个人，强调"鸟兽不可与同群"，让人活得有人的尊严和独特价值，而不是混同于丛林状态下的"鸟兽"。把这种"仁"的精神贯彻进治国理政中就是"仁政"思想，就是强调"立君为民"，以民为本，"明德慎刑"，把人民作为国家政治生活的中心，把"民视""民听"的民意或"民心归向处"，作为政府存在的正当性基础和理由，把"成人之美"、增进人民福祉、升华人类生命、彰显人的尊严，努力减少政治中的暴力野蛮因素，壮大人道、文明的力量，作为最高的政治目标与宗旨。把这种精神贯彻到社会政治关系当中，就是"推己及人""己所不欲，勿施于人"的"恕道"，要求把自己和他人摆在同等的位置看待，承认和尊重每一个个体，友爱宽容，具有悲悯同情之心。这些精神都反映了人类文明的共同精神追求，揭示了人类文明的根本法则和根本方向，对于实现我们今天正在倡导的价值观和发展目标，比如以人民为中心的"初心"，全面建成小康社会以及建设社会主义民主法治国家、培育现代公民美德等方面的目标和要求，无疑也是非常宝贵的精神资源。这些精神，是中国传统文化精神中"致广大而尽精微"之处，是人类文明的精神制高点。弘扬这些精神，利用这些精神资源去配合我们今天各项建设和发展目标的实施，建成美好的国家，成就尊严的人民，自然就"桃李不言，下自成蹊"，让中国文化在新的时代环境下绽放异彩，对外部世界形成强大的对话与回应能力。

政治学人：您的文章《论学术规范与人文社会科学研究的"中国话语"构建》讨论了要在人文社科研究中提出"好问题"和"真问题"，从而提升中国自身人文社科研究的影响力和话语权。基于当前中国政治学学科的研究现状，您认为我们要突破哪些难题？

张星久：这是一个非常复杂的问题。首先，还是人们反复提及的一个老问题，就是要努力营造和保持一个宽松、宽容和相对独立的学术环境。只有在相对宽松、宽容的环境中进行独立的思考和探索，才有可能发现和提出真问题，才有可能形成独到的学术见解和学术话语。否则如果到处是"玻璃板""天花板"，那样搞出来的"学问"就只能是一堆重复的口号、废话、笑话，这不光限制和伤害了学术发展，更重要的是，会严重损害中国的形象和文化软实力。

与此相联系的，还有一个更深层次的问题就是，处理好政治学研究中的价值追求与学术追求的关系问题，说白了，就是处理好"搞政治"与"搞政治学研究"的关系问题。无论是从现代知识社会学的观点还是从经验事实来看，社会科学研究，尤其是政治学研究涉及的是很现实甚至很敏感的政治问题，当然需要研究者有自己的价值立场，有自己对人类文明、国计民生的高度关切。用老话说就是"道不远人，远人非道"，借用韦伯的话来说，就是应该也必然会与研究者发生"价值关联"。所以，政治学和政治是密切相关、无法分割的。但是政治学研究毕竟又不能等同于政治和政治宣传。既然是一种学术研究，就要尊重学术研究的规律，坚持实事求是、科学严谨的精神，按照学术研究的基本规范去做，才可能提升我们人文社科研究的影响力和话语权。

政治学人：对于当前正在研究和有志于研究人文社会科学的青年学者，尤其是对政治思想史研究的学者和后辈，您有怎样的建议呢？

张星久：我最想和大家分享的一点体会是：要能体会学术研究的内在价值，享受读书和求知的内在愉悦。从大的方面来说，每个人贡献出学术上的涓涓细流，然后大家薪火相传，接力前行，就会形成一个民族文化的洪波巨流，就会整体上有益于国计民生，有利于推动人类知识和智慧的进步。这就是前贤所谓的"吾侪所学关天命""无用之大用"。看到了学术研究特别是基础理论研究这种"无用"背后的"大用"，就会对知识本身产生内在的愉悦，甚至达到"不疯魔、不成活"的痴迷，才会具有最深沉、最持久的学术动力与激情。

采访编辑：蔺绍春、高梦冉
采访日期：2019 年 7 月 9 日

中国国家治理的现实关切与时代反思

人工智能时代的政治哲学之思

——对话吴冠军教授

编者按 人工智能的崛起作为现今最重要的事件之一，已经引起了各学科的关注，成为一项重要议题。随着人工智能的迭代与发展，人的主体性地位开始遭受挑战。除却伦理思考，人们还需要在政治哲学的视域重新审视人工智能的政治哲学意义，以期更好地面对人工智能时代的机遇与困境。"政治学人"平台专访华东师范大学吴冠军教授，希望通过政治哲学的思辨与阐释，审视人工智能时代下"人的境况"，为广大政治学人提供借鉴与启发。

本期学者 吴冠军，蒙纳士大学哲学博士，华东师范大学二级教授，政治与国际关系学院院长、奇点研究院院长，教育部长江学者特聘教授，上海领军人才，兼任上海纽约大学双聘教授、上海政治学会副会长、《海归学人》主编、《华东师范大学学报》英文版执行主编，从事以技术—政治—哲学为中轴的跨学科研究，主持国家社科基金重大项目若干，出版中英文著作十余种，最新专著包括《陷入奇点：人类世政治哲学研究》（商务印书馆 2021 年首版/2023 年再版，荣获第十六届上海市哲学社会科学优秀成果奖）、《从元宇宙到量子现实：迈向后人类主义政治本体论》（中信出版集团 2023 年版，入选《文汇报》读书专刊 2023 年度十大好书、今日头条 2023 年度十大好书［商业经管/科学科普类］）。

政治学人： 吴老师您好！非常感谢您接受"政治学人"平台的采访。我们注意到您的职业生涯颇为传奇，可不可以给我们分享一下，您是怎么走上政治哲学的学术道路的？您以往的经历对您的学术研究有什么助益？

　　吴冠军： 我们都知道"哲学"这个词前半部分是"爱"，后半部分是"智慧"。对于我来说，这份"爱"是非常具体的、个人的、无法摆脱的。"爱"是这样一种力量，即使你的"理性"不想陷入，但你还是会不可避免地深深陷入，这就是"fall in love"。我写过两本书《爱与死的幽灵学》（2008）、《爱、死亡与后人类》（2019），都是以"爱"为核心关键词。我一直和我的研究生说，在今天你要踏上学术道路，就先用"理性"想一下前面是什么——

　　　　•与你走上这条路的，全部是精英，你没有理由去假设你比同行者具有某种更大的"天赋"；

　　　　•学术研究发表越来越难，刊物资源就这些，学者评职称、学生要毕业，全部要在这条窄道上拼个死活；

　　　　•在这个技术与抖音时代，学术从业者的社会认可度低、收入低、压力大，甚至抑郁率高、猝死率高；

　　　　……

　　你先用"理性"把这些因素全部想一遍，再进一步问自己：还剩下什么在说服你继续往前走？如果这个"什么"晦暗不明或根本定位不到，那就应该听从"理性"的建议，就此调转方向。"爱"是一种非常强烈的体验，你不可能体验不到。

　　在我的生活中，即使娱乐、休闲、看电影，或玩桌游，乃至看"抖音"，都会同步地调用不同学术资源在进行分析与思考，我写过《狼人杀与政治哲学》《三国杀与政治哲学》《权力的游戏与政治哲学》《科幻电影与政治哲学》……可以说，我的生活里有一个强烈的内核，它使得生活里各种东西都让我津津有味，也使得各种实践都不是浪费时间。在"爱"的充盈与包裹中，"理性"视野下学术道路上的一切苦都消失不见，甚至不是苦中作乐，而是纯乐，精神分析师雅克·拉康把这种纯乐称作"jouissance"。每一个曾经"fall in love"的人，都知道我在说什么。

所以，尽管我年轻时曾经在 IT 界从业过，收入高，社会地位也高，但"爱"的强大驱动力，使我无可避免地离开"理性"的轨道，走上学术道路。不过我仍然想说的是，那些在 IT 业的年月，我从来不觉得是浪费时间，一方面我并没有脱离学界，陆家嘴金融区办公楼的大会议室里经常坐的不是商业伙伴，而是学界师友，另一方面这些业界经历使我有效地握住罗尔斯提议的"反思的平衡"，而不会一头栽到纯理论与概念中拔不出来。

除此之外，这段经历还有一个隐在的好处（perk）。很多学者即便选择了学术道路并获得相当大的成功，但可能心里多少会存有这个念头——"假如我经商或进入其他行业，不知道会有怎样的成功"……而我 18 年来从未心生此种"波澜"，盖因早年便已经做了彻底的了断——自己做过了职业经理人，体验过别的行业成功的滋味，这个滋味跟"爱"的滋味没法比。所以，感谢早年的经历，使学术道路上的任何周折与艰辛、学界的赞誉或诛心的恶损，于我都甘之如饴。天天和生命中的"至爱"在一起，还有什么比这更美好呢？

政治学人：您是研究精神分析领域的专家，对拉康思想有很深的理解，您关于人工智能领域的研究中也能看到拉康哲学的影子。您觉得拉康对当代政治哲学最重要的贡献是什么？对于青年学子而言，又应该怎样理解和阅读拉康的作品呢？

吴冠军：我曾经专门写过两篇文章，《家庭结构的政治哲学考察——论精神分析对政治哲学一个被忽视的贡献》和《政治秩序及其不满：论拉康对政治哲学的三重贡献》，发表在《哲学研究》和《山东社会科学》上，专门讨论了拉康主义精神分析对政治哲学的贡献。专业性的分析大家可以参考这两篇论文。我这里想说的是，看似精神分析与政治哲学在学科体系中距离遥远，然而，这种距离感只是学科思维在作祟。实则，精神分析处理心智秩序问题，政治哲学处理共同体秩序问题，恰恰构成了一个结构性的联结。今天的学术体系越来越严丝合缝，这本身就形成了一种桎梏，我一直鼓励我的学生阅读各个学科的著作，它带来的收获是充满惊喜的。

　　具体到拉康这个学者身上，确实，他的作品不好读，因为他用了特别多的术语，乃至独创术语。所以，我不太建议你一头扎进文本中，因为即使你读了很多，但往往是似是而非的理解，而不是实实在在的收获。精神分析和政治哲学一样，是实践性的智慧。什么是实践，就是去用它。你不用它，不会有领会。所以要回到我前面所说的，一个好的学习方式，就是一边看书，一边在生活中不断使用它：看一部电影尝试用它来思考，玩一个游戏也可以用它去分析，甚至是和你男朋友发生一场争吵后，也可以用它来诊断一下问题在哪里。如果你所学习的那些概念、理念在这些分析与诊断中都完全用不上，那么，你就可以知道你之前的阅读，其实是不得要领。另外还有一种可能性，这个理论本身就不值得钻进去，因为它面对当下的诸种情境并不具有充足的分析能力。不是某个理论越艰难就越值得去啃，而是越有用才越值得去啃与咀嚼。

　　对于我来说，涵泳在精神分析和政治哲学中，会发掘一系列非常好用的分析性工具。这是我可以承诺你的：只要你愿意投入精力进去，每一分力道都能有具体的收获。你可以把你每一次在日常生活中的思考与分析，用诸如有道云笔记这些 App 随时记录下来，这些就构成了你自己的"洞见"，甚至在论文中也可以进行延伸或援引。这些，才是真正属于你的思想。

政治学人：您曾在一次演讲中指出，目前各个学科都已经参与到人工智能的讨论与反思中，唯独政治哲学缺席，而政治哲学的视角恰有独特而重要的意义。您觉得相比起伦理学，政治哲学视角的独特性是什么？精神分析的方法在人工智能的讨论中有哪些独特的价值？

吴冠军：围绕人工智能有很多热闹的与尖锐的声音，赞之为"未来已来"或视之为"人类威胁"，但不管是褒是贬，无可置疑的是，人工智能已经成了定义我们这个时代的核心关键词之一。那么，我们政治哲学为什么要受限于学科界线而不去参与对这个人工智能时代的具体分析呢？

你提的问题就非常好，"比起伦理学，政治哲学视角的独特性是什么"。伦理学的讨论诚然代替不了政治哲学的讨论：两者都着眼于分析人工智能对人类的影响，但伦理学面对的是具体行动层面，而政治哲学则聚焦在社会共同体层面。前者探讨人工智能如何行动，以及在人工智能介入状况下人如何行动，后者分析人工智能的介入对共同体结构带来何种变化。

正如媒体所宣布的，人工智能正在对人类社会进行"全面赋能"。原先人在共同体中的位置，正在大幅度地，以及快速地被人工智能所挤占。这会带来很严重的政治哲学后果。我在最近的一系列文章中，专门分析了人工智能时代的"后民主政治"：民众一统治（demo-cracy）正在被算法权力（algorithmic power）所取代。实际上，我们已经进入一个政治哲学的大时代，因为现代政治哲学的一系列地基性概念，如人权、平等、自由，都无法再被理所当然地视为无可动摇。

你也问到了精神分析。今天的人工智能实际上是人工神经网络的"深度学习"所带来的智能。精神分析的进路，能帮助我们思考人的"智能"同它的诸种巨大与细微的差异。人工智能的探讨，值得多学科地参与，跨学科地参与。

政治学人： 确实，人工智能的快速发展再一次将"后人类主义"的理念推到了我们眼前。老师您也多次提出，只有在后人类主义的视域下，"换一种方式思量我们自己"才能真正认清"人的价值"，但文章中尚未说明何谓"人的价值"。能否具体谈谈，在后人类视域下，"人的价值"究竟是什么？

吴冠军： "后人类主义"其实包含了多种不同的思想流派，但联结这些完全不同流派的，是对"人类中心主义"（anthropocentrism）以及"人类例外主义"（human exceptionalism）的激进批判态度。人类中心主义在思想史上其实有很强大的根源，这根源就是我们从启蒙以来一直讲的"humanism"，在中国语境中，我们通常翻译成"人文主义"，抑或"人本主义"。但是这两个翻译都不恰当，更为妥切的翻译就应是简单直接的"人类主义"。而从"人类主义"到"人类中心主义"和"人类例外主义"，其中有一个非常鲜明的思想史上的承接关系。

启蒙运动以降的人类主义，对"人类"做出了一组本体论设定，最核心的有以下四项：理性（rationality）、自由意志（free will）、意识（consciousness）、自主性（autonomy）。人的"价值"，就建立在这些本体论属性上。通过这样的设定，"人"就和各种"亚人"（subhuman）、"非人"（inhuman）拉开了一个政治性的等级制。人类中心主义，就建立在这个政治本体论上。

后人类主义的诸种话语，实际上是对于"人"以及"自我"的一组本体论设定的一个瓦解，催促我们"换一种方式思量我们自己"。我们把自己定位为理性的、有意识的、自主的、自由的，进而把自己界定为典范性的，以我们为参照，然后来判断所有的物种这里不足或者那里不足，抑或有用或没用（譬如"益虫"和"害虫"）。

今天我们在看待人工智能的时候，都是以我们人类自己——其实是我们自己对"人类"的一组设定——为参照的。

可见，这个人类中心主义的框架，已无所不在。我们曾经用这种人类中心主义范式评价过动物，评价过其他生命体。而且，最可怕的是，我们用它来评价自身。就比方说，当我们确定把理性的人——乃至西方还曾经将白人——定义为一种典范性的"人"的话，那么其他的不符合这个范式的人，就有可能变成"亚人"。这是很可怕的。这种"亚人"，不管曾经是女人也好，黑人也好，还是现在的LGBT也好，他们在人类中心主义的话语范式里，其实是处在"边缘"乃至"外部"的位置上——他们并非没有位置，而是结构性地处在以排斥的方式而被纳入的位置上。比如说，我们会被某些新闻突然刺痛到：前两年在地中海，一个被海水冲上岸的孩子的尸体；前一阵子在墨西哥边境上，一对父女漂洋过海过去，结果全部淹死……这些被抛在"启蒙"了的欧洲文明边界线上的遗体，他们是人吗？他们不是人吗？当人们看到了他们的"身体"会被刺痛，但这种现实这些年来几乎每周乃至每天在发生。实际上，这样的人在人类中心主义共同体里被设定成了"亚人"。

我很喜欢意大利政治哲学家乔治奥·阿甘本所提出的一个概念："赤裸生命"（naked life）。阿甘本一般不被认为是后人类主义阵营的学者，但在挑战人类中心主义上，他和后人类主义实际上构成了思想联盟关系。我在翻译他的《神圣人》的时候，觉得这个概念最精彩的地方在于，它标识出当代人所身处的一个结构性状况：所有人都是潜在的"赤裸生命"。换句话说，所有人都结构性地能够变成一个被排斥者，变成一个"亚人"。阿甘本有一个对应人类中心主义的专门概念，叫作"人类学机器"：只要这台机器还是开着的，即便在某些地点上一些人（如LGBT群体）获得了接纳，但永远会有更多的点以你想不到的方式突然爆裂。当我们看到海滩上的孩子尸体，忽然发现我们离这些"赤裸生命"这么近。我们曾经以为这些人都已经被我们包容进来了，他们应该有生存与发展空间的，但是在那些时刻突然发现并不是那么回事儿。我们曾以为现代性确认了每个人都有"价值"，如康德所说"每个人都是目的"，后人类主义在政治哲学层面告诉我们：从来不是那么回事。

政治学人：您说这个世界通过"人类学机器"建构了一种"生命的等级制"，将人类放置在等级序列的最高处，而"后人类主义"则重新反省了人的中心地位。问题是，主流伦理学都以人为出发点，无论反人类罪的设立抑或"不可杀人"的戒律都是如此。那么假若我们以人的伦理衡量动物、植物、人工智能乃至于广义的"物"，我们又该怎样进行伦理判断呢？如果所有存在物的价值都均一化了，伦理选择还有意义吗？

吴冠军：这个问题非常好。我们恰恰要思考的是：为什么伦理判断都必须是"以人为出发点"呢？

伦理学聚焦的是能动者（agent）如何行动。如果我们接受"不可杀人"作为行动准则的话，我们完全可以有不同的论证进路。一种是直接以"人"为形而上学的实质性基点，换言之，人具有这样一组本体论设定（理性、意识、自主、自由意志），故此同所有其他动植物、人工智能以及所有"物"具有本体论差异。而除了这种形而上学论证，我们完全可以采取一种程序主义进路，譬如康德所提出的以该行动是否可以被普遍化作为行动准则。

"伦理选择"和"伦理判断"指向的都是如何行动。伦理学就是旨在确立起能动者的行动方式，而人类中心主义并不是伦理学所必须依托的框架。尤其是在今天，人工智能乃至"赛博格"（cyborg）越来越成为我们所处的这个"世界"中的能动者。后人类主义思想家唐娜·哈拉维早在 20 世纪 80 年代，就把半人半机器的"赛博格"视作改变我们世界的伦理—政治主体，恰恰因为"赛博格"打破了

"自然/文化""有机物/机器""人/动物"这些二元对立框架，它"混淆"了现代性的诸种边界。换句话说，作为一种杂交（hybrid）的、复合的存在，"赛博格"突破了人类中心主义框架。

身处在人工智能与基因工程的时代，我们必须把"伦理选择"和"伦理判断"从你说的"以人为出发点"上拔离出来，否则伦理学将无可避免地走向其反面。我真的是危言耸听吗？建议可以看看电视剧《西部世界》第一季。这部剧清晰地让我们看到：当一个人仅仅"以人为出发点"展开所作所为，同人类中心主义框架下最没有伦理的"禽兽"又有什么区别？烧杀奸淫，"人"所不齿，真的吗？人工智能"服务员"与人类的政治性对立和对抗，难道不正是人类中心主义伦理学种下的"现代性恶果"吗？

政治学人：根据您的论述，人工智能以及"脑机融合"技术的高速发展，会使 99％ 的人沦为"无用的人""多余的人"。这一结果与阿伦特所控诉的全能主义"根本恶"颇为相似，都使人变成了"多余的"，无限放大了 1％ 的人的价值。我们能否认为，人工智能很可能成为全能主义政治的工具？人类能用怎样的方式避免这一窘境的出现？

吴冠军：历史学者尤瓦尔·赫拉利在其著作《未来简史》中提出了两个概念："无用阶级"与"神人"。其实，哲学就是创造概念的实践。这两个全新概念对我们讨论人工智能时代的政治哲学，提供了有效的分析性工具。我们可以很清晰地看到："无用阶级"与"神人"对应着人工智能时代的"赤裸生命"与"至高权力"。阿甘本的政治哲学研究就倾注心血于打破"赤裸生命"与"至高权力"这种共同体的溢出性结构。

你提问该用怎样的方式避免这一"窘境"。我会给出的，是一个阿甘本主义答案，那就是：尽快地去打破"人类学机器"所不断生产与强化的生命等级制。要避免"神人"对"无用阶级"的残忍，我们就要去破除"人"对"亚人"和"非人"的残忍。问题并不在未来，问题就在当下——我们面对的不是避免"这一窘境的出现"，而是"这一窘境"的早已在场，只是我们在人类中心主义框架下对此视而不见。

政治学人：您在文章中指出，为了避免人类共同体的崩解，需要在政治层面建立起"大同社会"（commonwealth），使所有人都有平等机会使用最新技术的利好。但技术的发展和应用很大程度上是由资本推动的，可是资本有何动力促成"大同社会"的到来呢？怎样的制度设计与权力结构能建立起"大同社会"呢？

吴冠军：正如我前面所说，我们正在进入一个政治哲学的大时代。这也就意味着，我们正在进入一个没有地图标明的领地（uncharted territory）。而政治哲学，诚如亚里士多德所说恰恰是一种实践性智慧，没有哲人或思想家能直接在制度设计与权力结构上给出最终方案。政治学人应该做的，是提供分析与诊断，通过这个方式介入性地参与到正在到来的共同体的建构中。

正如你所说，在当下很大程度上是资本在推动技术发展与应用。而对资本的批判性分析，始终是思想者与政治实践者一直在推进的工作。我的真正焦虑在于：技术正在指数级地加速发展，而对当代技术的政治哲学后果的批判性分析，却跟不上这个速度。我们正在毫无政治准备、毫无思想准备、毫无学术准备地飞奔进人工智能时代。

也正在这个意义上，你们新一代学人真的要尽快加入进来，这个未来属于我们，但更属于你们。老一代学者还能在惯性中纵容自己沉陷于种种学科化的细琐论题，但你们没有借口。我很期待年轻的同行者。

政治学人：吴老师的研究视域非常宽广，又十分独特。在研究人工智能之余，正如您前面提到您经常将狼人杀、三国杀、卡拉 OK 以及各种影视作品纳入研究的视野，用政治哲学的眼光重新审视生活。最后能否请您谈谈如何将学术研究与日常生活联系起来，为青年政治学人提一些建议？

吴冠军：回到我前面所说的，对年轻政治学人的建议，就是在自己日常生活中，去让思想在场，今天叫作让智商在线。人工智能指数级地在提升自己，我们集体地去让政治智慧尽可能地快速增长，让它时刻在线。人类未来共同体的形态，就在这场竞速学的赛跑中。"爱智慧"的实践，是个人的，也是人类的。

采访编辑：周　毅

采访时间：**2020 年 4 月 13 日**

纵跨地方与全球的治理逻辑

——对话杨雪冬教授

编者按 在近百年的历史进程中，中国取得了举世瞩目的成就，走出了一条东方大国的复兴之路，体现在政治制度、经济发展、科技创新、国防军工、民生事业等方方面面。随着改革开放的深入推进和全球风险的不断上升，面对"百年未有之大变局"的复杂形势，国家治理能力也面临更高的要求与更多的挑战。我们如何理解"治理"这一概念，如何提高国家治理水平，如何秉持"人类命运共同体"理念参与全球治理，推动国际秩序合理化和公正化？本期访谈让我们与清华大学杨雪冬教授一道，理解治理的逻辑，从地方治理到全球治理，探索治理模式的再发展。

本期学者 杨雪冬，清华大学社会科学学院政治学系主任、长聘教授，曾在美国哈佛大学、德国图宾根大学、奥地利维也纳大学、印度公共事务中心等多所高校或研究中心担任访问研究员。曾获全国宣传文化系统"四个一批"人才称号（2012）、中组部"万人计划"哲学社会科学首批领军人才称号（2014），国务院政府特殊津贴专家（2013）。研究领域涉及当代中国政治、比较政治理论、全球化等，代表性著作包括《国家治理的逻辑》（2018）、《地方治理的逻辑》（2018）、《制度运行的逻辑》（2017）、《地方的复兴：中国地方治理改革 30 年》（2009）、《风险社会与秩序重建》（2006）、《全球化：西方理论前沿》（2002）等。

政治学人：杨教授，您好！非常感谢您在百忙之中接受"政治学人"平台的访谈。您开始主要从事全球化和比较政治方面的研究，后来拓展到中国政治，尤其是关于政府改革和治理创新的研究，是什么样的契机促使您发生这样的转向？

杨雪冬：谢谢。实际上我的研究路径首先是从中国地方政治研究开始的，然后从事包括全球化问题在内的西方前沿理论的译介，在翻译的过程中，将包括全球化、国家构建、社会资本、风险社会等在内的重要概念或者研究视角纳入自己日益集中关注的中国政治与治理议题，从而形成了所谓的"以内外互动的时代为研究背景，以国家构建理论和治理理论为主要理论支撑，以地方治理实践为观察进路"的个人研究路径。

之所以会形成这样的研究路径，和我自己的学术经历有着重要关系。我是 1988 年进入南开大学政治学系读书的。当时的政治学专业刚刚恢复不久，我是该专业的第二届学生，也可能是同班唯一一个主动填报该专业志愿的学生。之所以选择这个专业，并不是因为了解该专业的情况，而是因为我的父亲做县委副书记，使我有机会了解到中国基层政治的实际运行过程，激发了我对政治的兴趣。说实话，那时候政治学的培养是初创的、不系统的，但给学生很大的自主性，我得以读到文史哲等各个学科的书，开阔了视野。一直到大四时，我还没有把从事政治学研究作为自己的选择，反而想去基层工作。我父母并没有干预我的选择，但父亲的一句话点醒了我，"读书是最自由的。"就这样，我最后决定报考厦门大学研究生，从此走上了学术研究之路。

研究生期间，我开始参加蔡拓先生主持的"全球问题研究"课题，并在南京大学-霍普金斯大学中美中心研修一年，跟随唐森（James Townsend）教授较为系统地学习了比较政治学。这些学习经历为我观察和分析中国政治发展打下了全球视角、比较视角的底色。

我的研究生涯是从 1992 年研究生毕业到中央编译局工作开始的。在这里，我幸运地遇到许多有眼光、有情怀、有学问的前辈学人，比如《经济社会体制比较》杂志的创办人之一荣敬本先生，政治学专业恢复后的第一位博士俞可平老师，社会民主主义研究权威、精通多门外语的殷叙彝先生，最早参与全球化研究译介评析的张世鹏先生，等等。更重要的是，中央编译局作为一个于 20 世纪 30 年代成立，党内为数不多的专业机构，有着浓郁的学术氛围、优良的图书条件、高水平的期刊，我所在的研究所学风正、效率高、对前沿问题把握准，在中国政治学研究中发挥着引领作用。在这里，我不仅阅读到大量的原版书籍和最新的国外期刊，比如这些年广受关注的卡尔·波兰尼的《巨变》一书，而且参与了中国学术史上一些开创性研究活动，在其中找到了自己的研究位置。

从 1996 年开始，荣敬本先生领导的课题组从"县—乡"层级入手就中国政治体制改革进行了长达近 10 年的研究，我作为课题组最年轻的成员参加了在河南新密、江苏无锡、陕西咸阳等地的跟踪调查。课题组提出的"压力型体制"概念，就出自我撰写的部分。与此同时，俞可平老师牵头的"全球化"研究项目也开始启动，这是一个集翻译与研究为一体的长期项目，充分体现了中央编译局长期形成的"以翻译带动研究，以研究提升翻译"的育人方式。在这个项目中，我通过翻译了解了西方最新的研究进展，熟悉了西方学术话语风格，也逐渐找到了如何将西方理论与中国问题有机结合起来的路径。

我的研究最后确定在中国政治上，还和我在北京大学追随宁骚先生攻读博士研究生学位的学术经历直接相关。宁先生是我国著名的民族理论学者、比较政治学研究的开创者之一。他对民族国家的研究，把我引入国家构建议题上。对国家的兴趣最早来自我在厦门大学攻读国家学说，但那时候侧重于政治理论。我结合自己的个人经历、研究经验，确定了以县为单位研究中国的国家构建过程，最后于 2001 年完成了博士论文，并很快出版。回头看这篇论文，虽然单薄，但其中提出的县域政治、地方国家构建、政治话语等概念或研究议题，以及"家乡化研究路径"，依然能激发我的研究热情。

至于对政府改革创新的关注，则主要因为我直接参与并负责执行俞可平老师领导的、持续 10 多年的"地方政府创新奖励与研究项目"。这个项目于 2000 年启动后，我就开始参加，负责整个项目的具体规划、评奖颁奖组织以及与国外兄弟项目的联系。通过这个项目，我对中国地方政府面临的挑战和自身的调整有了更为深入全面的了解，也对其他国家地方政府创新有了较为深入的了解，进一步坚定了要将中国政治研究置于全球化的时代背景下展开的学术想法。

政治学人：您在治理研究上取得了丰硕的研究成果，在您看来，我们如何最简单地理解"治理"这一概念，应该从哪些维度去阐释它？

杨雪冬：治理是时下流行的概念，不仅散布在社会科学的许多学科，而且是政策领域频繁使用的词汇。尤其是国家治理体系和治理能力现代化成为中国全面深化改革的目标内容之后，这个概念有了其官方的特定所指。如果用最简单的方式来界定它，我认为治理就是解决公共性问题，维护和提升公共利益的过程和机制。由此，我们所说的治理主要发生在公共领域，但也涉及越来越多有公共后果的私人领域问题。

治理首先是多主体参与的。社会的分化，交往的发展，以及公共性问题的增多和影响范围的扩大，决定了治理过程必然会涉及更多的主体，这些主体既可以是公共权力机构，也可以是各种形式的社会组织、市场主体以及公民个人。这些主体既可能是问题的引发者，也能成为问题的直接或间接解决者，因此都是治理过程中的相关利益者（stake-holders），这样在治理过程中，主体之间就形成了环环相扣的连锁关系。因此，在某种意义上，有效治理就要协调各相关利益者的关系，寻求各方的最大共识，以将分散的治理资源整合起来，形成及时持续的集体行动。而利益分化、认识分歧、资源分散，正是当代治理面临的最大挑战。

治理是在多领域和多层次发生的，这也是治理问题成为全球普遍关注问题的根本原因，任何一个国家、任何一类组织都要面对不同类型的治理问题。经济、社会、政治、文化、生态环境等领域，凡是有人类活动的领域，都会出现治理问题；从基层社会到民族国家，再到全球社会，不同的治理层级，都会面对规模和复杂性不同的治理问题。因此我们既可以从领域出发，讨论经济治理、社会治理、政治治理、文化治理、生态治理等问题，也可以从层级出发，讨论基层治理、地方治理、国家治理、区域治理、全球治理等问题。一方面，这些不同类型的治理问题都涉及如何更好地维护和实现公共利益，因此可以在不同的治理措施和机制之间寻找到共性，以探索治理的规律；另一方面，在这个交往不断扩大加深的时代，许多治理问题跨越了原有的治理边界，超出了原有的治理机制安排，因此带来了全球范围的治理挑战，治理危机成为普遍性问题。

政治学人：国家、市场和社会是现代治理必需的制度要素，它们之间的平衡和互补关系是实现善治的制度基础，"国家—市场—社会"三位一体的治理模式也被认为是一种可以适合多种社会情境的具有普遍意义的解释框架。在具体情境中，如何能够实现三者的有机协调？

杨雪冬：我同意你们所说的"国家、市场和社会是现代治理必需的制度要素"，但并不认为"国家—市场—社会"是天然的三位一体结构。这是韦伯意义上的理想类型，也是我们分析现实时可以便利使用的框架。实际上，三者从来就不是协调的，更不是重叠一体的。我比较推崇迈克尔·曼在讨论社会权力的来源中对于经济、政治、意识形态、军事等四种权力各自独立，但会重叠、相互增强的分析。实际上，国家、市场和社会是各自独立的领域，只是因为我们以民族国家为基本治理单位，将三者想象成了在民族国家空间内，存在边界统一、一体互动的关系，并服从于国家制定的一系列制度。市场的活动范围远远超出国家和社会，而社会的运行也并不都在国家的管控之下，国家制定的各项制度都有其效力的边界，并不总会在市场和社会领域中发挥设想中的作用。三者的独立、割裂、矛盾乃至冲突是常态，而协调统一则是理想。

因此，在现实治理过程中，首先，要承认并清醒地分析三者是如何各自独立运行的，尤其是要认识和尊重市场、社会的运行规律，承认国家治理的限度；其次，要在治理过程中，发挥三者各自的优势，比如市场整合资源的优势、社会自组织的优势和国家的动员优势等；最后，要把治理的重点放在解决那些超出三者各自边界，涉及多个领域的问题，以及那些难以归属治理责任的问题。因此跨界问题、出界问题、无界问题，是目前治理中最值得关注的问题。

政治学人：自改革开放以来，政府创新一直是各项改革的重要内容，中国的政府创新有其独特的背景，因而也形成了地方政府独具特色的创新形式。然而在创新的具体过程中却存在着部分"为了创新而创新""照搬照抄"的不良现象。您认为当前地方政府创新存在哪些具体问题？如何实现有效的政府创新？

杨雪冬：关于地方政府创新，我之前写过多篇文章进行探讨，在这里不再赘述。值得关注的是，十八大以来，随着中国改革全面转入"顶层设计"阶段，地方在各个领域的创新空间有了越来越明确的边界，创新方向也有了越来越具体的规定，因此改革开放之后长期延续的地方自主创新在明显减弱，所谓的"请示型创新""落实型创新""执行导向的创新"在增多。在我看来，这些政府行为虽然被冠以创新之名，但并不是学术意义上的政府创新，因为这些"创新"并没有产生组织、机制乃至制度上的新安排，更没有产生新的理念，更多的情况下是对现有体制机制某个方面（如行政命令、领导人意志、动员措施等）的强化。因此，我们在许多地方、许多领域，看到的是"压力型体制"的回归。

在党的报告中，曾经将创新提升到"一个民族进步的灵魂，一个国家兴旺发达的不竭动力"的高度，党和政府又是中国改革开放发展的火车头，因此政府创新始终需要鼓励和支持。在当下，要实现有效而可持续的政府创新，首先要在不断健全完善法律制度的过程中，给各级官员足够的自主空间和有效的创新激励，保护那些有担当有作为的官员，使他们有内在动力和外在条件进行问题导向的创新，通过解决本地本部门面临的突出问题以及人民群众关心的热点难点问题，展示制度健全完善的效力。其次，要提升干部队伍的创新能力。干部是地方政府创新中最活跃的因素，但是创新不能只依靠少数创新型干部，那样必然会不断产生各种形式的"强人型"干部，出现"人亡政息"的现象。必须通过各种措施不断吸引优秀人才加入干部队伍，更新干部队伍，提升干部队伍的整体能力，使创新成为风尚和习惯。最后，要鼓励经济创新、社会创新，来倒逼和推动政府创新。中国的发展已经从国家引导转到了社会带动阶段，充满活力的经济社会，不仅为政府创新提供了丰富的土壤，也正在分担越来越多的政府职能。在这个多元治理时代，虽然政府依然在许多问题上享有法律意义上的主导权，承担着责任，但更多时候，只有协调其他社会主体，发挥它们的积极性，动员不断增多的社会资源，才能弥补自身的能力和资源不足，实现有效治理。因此，鼓励和推动社会创新，是政府创新的题中之意。

政治学人：中国在积极进行国内治理的同时，也深入地参与到全球治理之中，提出"人类命运共同体"理念，鼎力支持联合国、二十国集团、上海合作组织等国际组织发挥积极作用，推动国际秩序朝着公正合理的方向发展。面对愈加复杂的国内外局势，国内治理与全球治理的关系也将遭遇更多挑战，对此，中国应该重点关注哪些问题，如何实现国内国际的良好互动，更好地参与和推进全球治理？

杨雪冬：在我回答这个问题的此刻，俄罗斯军队正在乌克兰作战，战争的乌云笼罩在东欧，并在世界和平事业上投下阴影。中国在这个事件中的言行受到各方的关注，中国社会内部舆论场上任何与乌克兰、俄罗斯有关的言论，都可能产生外部效应，政府行为、社会行为在国际事件中交织在一起，既可能相互强化，也会相互消解，产生诸多预想不到的结果。

对于中国这样一个积极倡导推动构建人类命运共同体的发展中的大国来说，如何处理国内治理与全球治理的关系，不仅直接关系到良好国际秩序的构建和维护，而且也深刻影响着中华民族伟大复兴的事业。从愿景上说，中国要把处理内外关系作为国家治理的首要任务，实现国内治理与国际治理的平衡。一方面要坚持持续推动国内治理改革，不断释放发展的动力，为承担更多的国际责任提供物质基础和民心基础；另一方面，要积极倡导国际治理和全球治理改革，推动世界和平与发展事业，为各国共同发展创造坚实的条件。接下来一段时间里，应该重点关注三个问题：一是国内各种积极因素的发挥和整合，要将改革开放40多年形成的社会活力更加有效地转化为制度运行的动力；二是要积极推动周边的区域治理发展，深化与周边国家在经济、社会治理上的合作；三是积极倡导和推动更多领域的国际合作，努力使全球化进程更快地走出漫长的"平台期"，进入更高水平阶段。

政治学人：随着全球化的不断深入，人类日益连接成一个紧密的共同体，地方治理、国内治理和全球治理的要素日渐交织在一起，国内国际的互动影响着国内治理，国际因素也直接关系着地方治理，如何理解不同层面的治理之间的关系？

杨雪冬：十多年前，针对风险社会带来的公共性的扩展，我曾经提出"复合治理"概念，作为解决多层次治理之间关系的一个思路。回头看，这个概念依然有其解释力，其体现的扩展的公共精神依然是不同层次治理应该追求的目标。

风险的发展冲击着民族国家塑造的不同层次治理边界，模糊了公共与私人领域的边界，扩展了公共的范围和内涵，整个社会的"共同"以及全球的"共同"替代了具体群体或区域的"公共"，只有在社会层次、全球层次和人类整体利益意义上，才能谈论"公共"的有效性。复合治理就是因应公共性扩展提出的，谋求各个治理主体之间的合作互补关系，以实现风险责任的共担和风险社会的共存。这个概念与目前流行的区域治理、全球治理理念不同，后两者依然是地域意义上的，没有摆脱民族国家的影子，只不过是把地域范围扩大了而已。

复合治理有五个基本特征：第一，复合治理由多个治理主体参与。包括国家组织、非政府组织、企业、家庭、个人等在内的所有社会组织和行为者都是治理的参与者，不能被排斥在治理过程之外，更不能被剥夺享受治理结果的权利。第二，复合治理是立体的开放性空间。这既体现为地理意义上的纵向多层次，从村庄、部落到地方、国家、区域，乃至全球范围；也表现为治理领域横向的多样性，人类活动的任何领域都需要治理。更重要的是，这些领域的治理是密切相关的。因此，第三，复合治理也是一种合作互补关系。只有合作，国家、市场以及公民社会这三大现代治理机制才能有效地发挥作用，并弥补相互的缺陷。而且，这种合作不仅仅是民族国家内部的，还是国际性和全球性的。第四，个人是复合治理最基本的单位。尽管复合治理需要制度安排，并且是通过它来规范行为者的，但是要使治理可持续地运转，必须提高个人的自觉性和能动性。只有个人具有了风险意识，把制度安排贯彻到行动中，才能最大程度地解决风险。第五，复合治理的目标是就地及时解决问题。风险的空间扩张性和时间延展性，使得对风险的应对必须从时时处处入手，避免风险的扩散，由可能性风险转化成后果严重的风险。

政治学人：当前的政治学研究几乎成了"治理研究"，大部分学术作品都以治理为主题，您如何看待这样的现象？未来的政治学研究还有哪些重要的议题需要探索？

杨雪冬：我想可以从三个维度来认识这个现象。

首先，这是中国政治学"其命维新"品格的必然结果。政治学这个古老而常新的学科，自近代以来，就与中国的政治发展运程紧密地联系在一起，受其左右，既在每一次重大政治转折中获得更新和发展的机会，也为政治变革的平滑展开贡献着理念和知识。在20世纪30年代，作为一个现代学科刚刚发展起来的政治学积极参与到当时的国家构建之中，不仅贡献了比较政治制度、比较宪法、行政学、市政学等多方面的知识，而且培养了一大批从事实务工作的人才。政治学学科曾经是清华大学招生最多的学科。20世纪50年代，虽然政治学的学科建制被搁置，但是那一代政治学人对于民族解放运动、西方发达资本主义国家、国际共产主义运动的研究，为20世纪70年代中国对外关系的重大调整提供了知识支撑，显示了政治学的独有价值。改革开放后，政治学专业得以恢复，推动改革成为中国政治学的核心任务，中国政治学可以称为"改革的政治学"，不仅在持续的思想解放中参与了民主、人权、法治、自治等价值理念的塑造和普及，而且直接参与了不同层次的政策制定和制度设计。当下治理热潮的形成，也得益于政治学学者对治理研究的率先译介、治理理念的大力倡导以及在各个领域展开的治理分析。

其次，治理已经成为时代的主题，也是当代中国全面持续发展必须面对的重大议题。中国作为超大规模的变革社会，为治理研究提供了不断更新的问题资源和丰富的实践样本，应该得到高度的重视。政治学积极参与其中，有其学科优势，也是其内在使命。

最后，我们也应该看到，治理研究的热潮也反映了中国政治学研究内部分工还不发达，研究幅度还不宽阔，学者研究的自主性还有待提升等问题。这是这个学科的先天不足，也是其能够不断"维新"的独特条件。这种条件，应该被一代又一代的青年学者把握住，转化为学科厚积薄发的优势。

我认为，中国政治学的发展，应该放在由"古今"（时间维度）和"内外"（空间维度）组成的时空坐标系上加以考量。虽然我们不能实现四面出击，全方位突破，但是可以在"历史—未来"和"中国—世界"的坐标轴上找到值得持续关注和深入研究的议题，比如中国传统治国实践体现的政治规律、后现代社会的政治后果、当代中国制度的运行逻辑、历史上帝国的政治建构、世界政治变革的动力与趋势等。这些议题虽然宏大，但能够避免中国政治学陷入问题琐碎、方法技术化的西方政治学研究困境，防止学科的"未富先老"。

政治学人：请问您对年轻一代的政治学人有何寄语？如何在快速变化的复杂环境中从事政治学研究呢？

杨雪冬：我曾经给"政治学人"平台 2022 年台历提供了一段话，这里也赠送给年轻一代的政治学人：政治现实与政治理念之间永恒的张力注定使政治学是一门充满魅力的学问。在百年未有之大变局中，中国丰富的政治实践为这门古老的学科注入了勃勃活力。因此，每一个对人类公共生活有美好期许的人都应该研习这门学问，从中找到定位自我的知识地图和精神坐标。

在快速变化的复杂环境中从事政治学研究，首先要有使命感。

一个政治成熟的民族，必须有自己的政治学；一个治理良好的国家，也必须有自己的政治学。其次要有学术兴趣。兴趣是学术的生命，也是学者不断前进的动力。最后要有开放的胸怀，不仅要善于学习世界各国政治学的优点，而且要不断破除思维定式，不断更新研究视角和研究方法，要防止"中国中心论"带来的自大，走出"西方中心论"造成的自卑，防止"方法中心论"带来的自闭。

采访编辑：蒲　洋、赵　吉

采访时间：2022 年 3 月 4 日

公民身份的历史根源与现实关切

——对话郭忠华教授

编者按　公民身份理论是政治学领域的基础理论，是承载现代政治的基石。公民身份理论在西方已有数千年的发展历史。在历史上，当西方公民身份理论和观念被横移到中国语境中时，结合中国现代国家的建构需要，学术界对公民身份观念产生了全新的理解。在当今时代，伴随着全球化、后现代等浪潮的冲击，公民身份理论也表现出明显的复杂化发展趋势。在提炼本土概念、构建本土理论和解决本土问题的过程中，中国同样需要探索出符合本国国情的公民身份概念、理论和实践方式。本次"政治学人"平台对话郭忠华教授，希望通过对公民身份理论的回顾、反思和展望来揭示现代政治的新变化，同时服务民族振兴和社会发展的需要，为广大政治学人提供思考和借鉴。

本期学者　郭忠华，江西万载人，南京大学政府管理学院教授、博士生导师，广东省珠江学者特聘教授。主要从事吉登斯思想、公民理论、国家理论和当代中国政治研究，著有《解放政治的反思与未来》《现代性理论脉络中的社会与政治》《公民身份的核心问题》《变动社会中的公民身份——与吉登斯、基恩等人的对话》等，在《中国社会科学》《政治学研究》《马克思主义研究》和 *Citizenship Studies* 等刊物上发表研究论文上百篇。

政治学人：郭老师您好，非常感谢您接受"政治学人"平台的专访！多年来您专注研究"公民身份"问题，您是否可以简要谈谈这一学术旨趣的来源？我们注意到您的研究兴趣和领域非常广泛，包括吉登斯思想、国家理论、政治概念和中国政治等一系列主题，这些研究主题与"公民身份"主题存在何种内在关联？

郭忠华：首先，非常荣幸接受"政治学人"平台对我的专访，政治学人平台为扩大和提升政治学领域的专业交流做了大量的工作，作出了很大的贡献，已成为同类学术网络平台中的佼佼者。

"公民身份"是我学术研究生涯中最为重要的主题之一，迄今为止我已为之消耗了超过 10 年的光阴，并且是我学术精力最旺盛的一段光阴。但要回答你提出的整个问题，意味着必须对自身的学术经历做一个简短的回顾。我的学术生涯起步较晚，读硕士之前我读的是专科学校，时间是 20 世纪 80 年代末，专业是英语，那时根本不知道什么叫作学术研究。真正与学术结缘是在厦门大学读硕士的时候，导师陈炳辉教授主要从事法兰克福学派思想研究，我的论文自然选择了一个类似的专题，是当时国内很少人关注的德国思想家克劳斯·奥菲的国家理论。通过硕士论文的写作，我对法兰克福学派的思想有了一个大致的了解。硕士毕业后，我接着进入复旦大学攻读政治学理论博士，师从孙关宏教授，时间是 2001 年。当时，吉登斯的"第三条道路"在国内乃至全世界学术界风靡一时，但这一理论没有对我产生多大的吸引力，读起来有一种浅白如水的感觉，我不是太喜欢。真正吸引我的是他的社会、政治理论著作，如《社会的构成》，通过阅读这些著作，我认识到其思想的深邃性，因此博士论文选择了以"现代性"主线来贯穿其庞大的思想体系。此后吉登斯研究便耗费了我近 10 年的时光。

在吉登斯的政治理论中，民族国家和公民身份是两条非常重要的线索，他为此出版过著作《民族国家与暴力》，发表过 T. H. 马歇尔的纪念讲座和专题论文。在本世纪初，公民身份在我国学术界是一个很少有人涉猎的主题。通过研究吉登斯的思想，我一定程度上认识到这一主题在西方学术界的重要性。当然，也有一定的偶然性，那就是当时英国著名学者莫里斯·罗奇（Maurice Roche）来访中山大学，做了一系列有关公民身份主题的演讲，通过参与他的讲座和与他进行交流，我对这一主题产生了浓厚的兴趣。后来，我与他共同选定了一套关于公民身份的代表性书目，并在吉林出版集团主持翻译了"西方公民理论书系"，这套著作迄今应当还是公民身份研究的主要参考书。此后的十余年间，通过组织学术研讨会、工作坊、出版专栏文章、组织英文专刊等方式，广泛的公民身份合作网络逐步建立起来了。

在开始阶段，我把主要精力用在对西方公民身份理论的了解和介绍上。这是没有办法的事情，因为这是一种兴起于西方思想界的理论，要研究它就必须先了解它。但随着时间的推移，我对纯粹的西方公民身份理论研究越来越兴味索然，而是开始好奇于中国公民观念的兴起和发展，为此还制定了一个庞大的研究计划，那就是了解公民观念在中国的起源、历史演化，以及当代公民身份的实践方式。这个转折点大致是在 2010 年左右。为此，我开始把眼光投向中国近代，考察梁启超等近代启蒙思想家塑造现代公民和国民。但后来发现，公民概念在中国并不是单独出现，而是与人民、群众、国民、同志等一系列概念搅和在一起形成概念家族，而且每一个概念后面都隐含着不同的政治含义，反映出不同的国家观念。为此，我便开始从概念语义的角度来理解，并把它们与中国现代国家建构的主题联系起来。国家理论是我本来就非常感兴趣的一个主题，把它与相应的概念研究关联起来并不十分困难。但随着我对夷、国民、人民、同志、国籍等具体概念进行研究时，又生发出一种新的研究兴趣，那就是"概念理论"研究，这一方面是由本身的学术路径所衍生出来的，另一方面也受近年来国内有关构建本土概念、本土理论呼声的影响。要建构本土化理论、提炼本土化概念，首先得搞清楚社会科学知识的特性和概念的建构方式。当然，在将眼光投向历史的同时，我始终对公民身份的当代实践保持着一份关注，并经常写作一些相关主题的作品。

因此，作为对问题的回答，我想"公民身份"主题最初来源于对吉登斯思想的研究，但带有某些偶然性使之成为我的研究重点，国家理论、概念理论甚至有关当下中国政治的研究其实都是公民身份主题在不同方向衍生出来的议题，它们表面上差异甚迥，但实际上内在关联。

政治学人：在主流公民身份理论中，公民身份被看作从西欧起源、随后扩展到整个世界的一种观念和理论，无论是将公民身份追溯到古希腊罗马时期，还是把中世纪城市共和国看作现代公民身份的诞生场所，研究者们大都从"内生主义"的视角来做出解释，把注意力集中在欧洲内部，忽略了东方社会的外在影响。如果将东方社会纳入公民身份研究，对于公民身份理论而言有何重要意义？

郭忠华：在主流理论中，公民身份常常被看作西方政治文化的"当然"和"独特"产品，包括中国在内的东方社会被理所当然地认为不可能孕育出现代公民观念，它们至多是在进入现代社会过程中从西方引入了这种观念。记得读博士时阅读亚里士多德的《政治学》，其中有一句话让我印象深刻，他在谈论古希腊公民时说道：公民是指一切参加城邦政治生活轮番为统治和被统治的人们，这种公民只见于希腊民族，野蛮民族比希腊民族更富于奴性，亚洲蛮族又比欧洲蛮族更富于奴性，他们常常忍受专制政治而不起来反抗（III. 14. 1285a）。我当时就感到很奇怪，在那个时代，亚洲对古希腊而言根本连一种传说都说不上，这个亚先生怎么就知道亚洲人那么

"富于奴性"，他在论述古希腊公民时为什么要把亚洲连带上？其中是不是存在某种认识偏见？后来，在阅读韦伯的《儒教与道教》《城市》等著作时，发现他在论述中世纪城市政治时同样把中国给扯上：他把中世纪城市市民看作是现代公民的先声，致力于论证欧洲中世纪城市如何有利于形成城市市民，而中国古代城市如何不可能产生城市市民。带着这种不解，发现这种附带论证方式在很多西方思想家那里都存在。这使我认识到，西方公民观念的建构很可能不是"内生主义"就可以概括得了的，而是存在着一个我们过于熟悉而经常被忽视的维度，即"东方社会"这条隐匿的线索。

随着阅读面的扩大，我进一步发现，在论证西方公民观念的过程中，将东方社会消极对象化只是方式之一，另外还存在着一个积极对象化的维度，见之于现代西方兴起的早期。比如，法国重农学派思想家魁奈以及伏尔泰、莱布尼茨等人，他们都对中国羡慕得不得了。伏尔泰的《风俗论》中有很多有关中国的论述，中国在他那里简直是天堂，莱布尼茨也把中国文化看作是与西方并驾齐驱的一种文化。这一脉络一直延伸到当下。比如，2009 年英国谢菲尔德大学政治学系约翰·霍布森教授还出版过一本《西方文明的东方起源》，把西方文明的重要方面都归结为东方社会的启发。

把上述正反两个方面结合在一起，使我对西方公民观念的建构方式有了更加全面的认识，那就是不能把公民观念看作是西方的专有产品，东方社会在现代公民观念建构的过程中扮演了或正或反的角色。后来，我便从"积极东方主义"和"消极东方主义"两个角度来阐述东方社会在现代公民观念建构中所发挥的作用。对于公民身份理论而言，我想这至少拓宽了有关公民身份观念建构的知识视野，同时也表明了西方思想家们所持的"东方主义"认识方式。

政治学人：感谢老师的分享，正如您提到了"东方主义"的问题，韦伯在现代公民身份起源的论述过程中以既阐明西方的创生作用，又将东方社会作为反面描绘的"东方主义"（oriental-ism）作为研究视角，试图论证公民身份只能诞生于西方而不会出现于东方。梁启超看似也接受这种"东方主义"的立场，且成功地将公民观念引入近代中国，并进行了本土化创新的尝试。您如何看待这个问题？

郭忠华：这里我认为首先要搞清楚什么是"东方主义"的认识方式。东方主义是亚裔美籍思想家爱德华·萨义德在《东方学》中首先提出的，表示西方对东方所持的一种认识方式和知识状态。它以西方为出发点，旨在论证西方的合理性或者建构理想的西方，而不是要获得关于东方的客观真实的知识。因此可以把东方主义概括为西方思想家出于自我论证的需要而构建起来的一种关于东方的知识。认识上的二元论、对象化和臆想性是这种认识方式的主要特征。如前面提到的那些思想家所表明的，东方社会被定格为充满奴性，意在反衬西方社会的独立、平等、自由。但无论如何，东方并不是铁板一块，内部也是高度差异化的，但东方主义往往忽略这些差异而把它看作同质的。萨义德论证的只是"消极东方主义"，即为了凸显西方的优越性而把东方说得很不堪。但实际上还存在"积极东方主义"，即为了反思自身而把东方说成很理想、很虚幻，从而树立西方发展的目标。不论是何种东方主义，其中的东方社会都非客观、真实的东方，而只是想象的东方。

韦伯为了论证中世纪城市市民的独立性和平等性，说明他们可以通过城市议会、城市法院、市民武装过上独立平等的生活——一种与当时欧洲君主统治截然相反的生活，他把包括中国在内的东方城市拿来进行比较，建立起完备的城市类型学，以此表明只有中世纪西欧的城市类型才能产生作为现代公民前身的城市市民。这的确是一种论证方式，尽管中国的城市在他的笔下变成了以农村为根据地、以血缘为纽带、没有摆脱巫术统治和服务于君主需要的城市，并未反映历史上中国城市市民的真实生活。

在清末民初时期，为了制造新国民，包括梁启超在内的许多知识分子对中国的国民性进行了深切反思，他们把中国的国民性说得非常糟糕。在《戊戌政变记》中，梁启超把戊戌变法失败的原因最终归结为国民的奴隶性，认为中国最大的问题是统治者把国民当奴隶，久而久之人们也把自己看作奴隶。在《新民说》中，梁启超更是以西方公民为参照，对中国国民性与西方国民性展开比较，呼吁"新民"必须具备国家观念、权利观念、独立观念、尚武观念、公德观念等。乍看起来，这似乎是东方主义认识方式在中国的翻版。但我认为，梁启超等启蒙知识分子尽管对西方公民精神不乏美化之处，可他们的目的更在改造中国的国民性，唤起人们要热爱、保卫自己的国家，而不是在外在侵略面前麻木不仁，国民塑造后面隐含着他们对于国家独立和强大的情怀。但把"东方主义"标签用在他们身上时还是需要谨慎一些，至少这个词是不合适的，因为东方主义专指西方学者对于东方所持的认识方式，把它套到东方学者身上至少在地理方位上是搞乱了。

政治学人：您的文章《现代公民观念建构中的"东方社会"》进一步讨论了"东方主义"的问题。虽然"东方主义"在公民理论研究的过程中一定程度上廓清了"内生主义"所造成的知识扭曲，并使公民观念的建构得到了新的启发，但作为立足于西方中心主义立场而诞生的认知方式，是否会忽略公民理论建构过程中的重要要素？

郭忠华：公民身份既是一种客观的政治地位，也是一种观念；既是历史的产物，也是建构的结果。正因为如此，公民身份的基本要素是变动的而非固定不变的。在亚里士多德时代，出于小型城邦、土地经济、公民武装等现实，公民观念主要以强调责任、美德、共和国至上的共和主义传统为主流。但到了近代，随着大型民族国家的出现、资本主义的发展，尤其是个人主义的流行，公民身份也变成了以自由主义传统为主流。从这些前提出发，东方主义对于现代公民观念的建构，反映的只是近代西方思想家们建构现代公民观念的一种方式。既然是一种观念建构，也就谈不上哪些因素被包括进来了，哪些因素被忽略掉了，因为这等于认为公民身份有一套固定不变的要素，但显然并非如此。

我曾经出版过一本名为《公民身份的核心问题》的著作，我在其中提炼过公民身份在不同时代所承载的核心要素。思想家们尽管具有想象和建构公民身份要素的主动权，但也不是天马行空地胡乱想象，而是必须审视时代的特征和需要，顺应时代的要求来进行建构。时代变了，公民身份的核心要素也会发生变化。回到上一个问题上来，梁启超等启蒙思想家的国民性反思之所以产生重大的影响，他的"新民"观念之所以在当时能振聋发聩，关键在于他反映了其所处时代的状况和要求。

政治学人：正如您所说，随着时代的变化与发展，公民身份的核心要素也随之发生了改变。除了传统的"国家、平等、权利和义务"等要素，新的种类也随之诞生，如女性公民身份、环境公民身份和世界公民身份等。面对快速发展的当前中国社会，您认为研究中国公民身份的学术问题时要关注哪些新兴要素？

郭忠华：我把公民身份在西方的发展概括为三种主要范式：共和主义范式、自由主义范式和多元主义范式。共和主义强调责任、美德、共同体诸要素，自由主义则强调权利、私人领域和个人的重要性，相对而言，多元主义范式既重视前两个范式的核心要素，又增加了很多新的要素，如在环境、性别、企业社会责任甚至是两性关系上的平等和权利。多元主义范式不是对自由主义范式的简单取代，而是对它的反思、纠正和补充，反映了全球化和后现代主义给公民身份带来的冲击。正因为如此，公民身份在当下似乎变成了一个无所不包的概念，环境公民身份、性别公民身份、文化公民身份、企业公民身份甚至是性公民身份，有些以前坏了台面的公民身份主题，现在竟堂而皇之地成了公民身份的讨论话题。但这不是坏事，公民身份所包含的地位、权利、责任、行为、认同这些核心要素并没有改变，它只是表明在新的时代背景下，这些要素在向各个领域更加充分地拓展。

对于中国而言，新产生的要素都很重要，比如，环境公民身份要求人们重视环境保护、尊重动物的权利，给后代留下一个可持续生存的空间。对于把"美丽中国"作为发展战略的中国而言，环境公民身份无疑可以提供诸多启发。尽管没有政府，生态可持续发展不可能成功，但也不能把责任完全推给政府，没有公民高度的环境意识和环保行为，再好的政策也会打折扣。再比如，文化公民身份重视少数民族的文化保护和文化权利，这对于我们促进民族团结和民族平等无疑也是有益的。最后，企业公民身份强调企业社会责任，认为不能仅仅把企业当作赚钱的机器，而是要取之于社会、奉献于社会，企业要为社会作贡献而不能只顾赚钱。这对于我国企业形成正确的发展认识也是大有裨益的。总体而言，新兴的公民身份观念更加适用于特定的领域，更不像传统自由主义公民身份观念那样聚焦于私人领域和权利，而是更加关注责任和认同。我认为只要正确地理解了它们，其中大部分可以对我国产生良好的效果。

政治学人：除了公民身份的概念与理论的层面，您同时还将公民身份研究与当今中国的社会热点议题相结合，如以公民身份权利的视角分析中国的农民工问题，您认为从公民身份这一视角分析具体的社会问题具有什么样的独特意义？

郭忠华： 公民身份不仅是一种理论，也是一种分析视角、一套分析工具。国内学术界对于农民工问题已有很多研究，最常见的是从户籍的角度来看待农民工问题，也有不少人从农民工在城市中所遭受的权利不公的角度来研究，有些人则从农民工的城市认同角度来做出分析，等等。如果采用公民身份的视角，这些视角便可以统合起来，因为公民身份是一个涵盖身份、权利、义务、行为、认同诸要素的范畴。

从公民身份的角度来看，农民工称呼反映出三种身份之间的错位：一是个体作为国家公民的身份，体现在国籍上；二是作为个体职业的工人身份，体现在劳动合同等方面；三是个体在管理制度上的农民身份，体现在户籍制度上。农民工在职业上是工人，但制度上是农民。前者反映了社会变化的结果，农民可以进城务工而成为工人，具有相对动态性的一面；后者反映的则是制度对他们的限定，即使事实上已是工人但身份上还没有改变，具有相对固定性的一面。农民工的称谓表明，制度上的农民身份没有跟上职业上的变化，从而形成农民在身份上的扭曲。如果从国家公民的角度来看，公民身份内在的理想是平等，这说明我们国家还无法通过普遍同质的公民身份来统辖其他身份，而是必须通过户籍制度来进行差序性赋权，从而减少由于资源不足等问题所导致的国家负担。在现实中，公民身份尽管很重要，但主要是相对于他国而言，在国内，公民身份所赋予的实质性权利有限。在公民群体内部，户籍制度更加具有操作性，对公民的影响也更加深切。因此，从公民身份的角度来看，农民工问题既反映出我国处在社会主义初级阶段的事实，也反映出公民群体内部存在的差序性格局。

打一个小广告，2017 年我曾经在公民身份的旗舰刊物 *Citizenship Studies* 专门主编一个有关当代中国公民身份的专刊，在国际公民身份研究领域产生了不错的影响，这可以从 Routledge 出版社在该刊发行一年后把它出版为同名著作中得到反映。在该专刊中，所有作者都援用公民身份的视野来分析中国的现实问题，其中农民工主题有三篇，分别探讨农民工积分入户、农民工子女教育、农民工入户政策的地区比较。我在编这个专刊时有以下强烈感觉：第一，公民身份是一个统合性很强的概念，在国内看起来差异甚迥的研究进路却可以通过公民身份进路统合起来；第二，公民身份是一个操作性很强的概念，它内在包含了互为关联的各种要素，研究者可以选取其中适合的视角来服务于自己的研究目的；第三，公民身份是一个高度情境性的概念，它既有某些共同的要素和主题，谈论起来相互能听懂，但又必须与具体的情境结合，讨论起来才不会感觉空洞。

政治学人：方法论是学术研究不可忽视的问题，公民身份研究也不例外。您在前文提到的著作《公民身份的核心问题》中基于公民身份的西方理论整理了五种基本进路，同时您也对西方理论在中国的困境表示了担忧，认为中国公民身份的研究普遍存在着照搬西方研究范式而忽略本土特色的情况，您认为怎样才能避免这些问题呢？基于本土的公民身份研究要注意哪些事项？

郭忠华：是的，我在那本书中总结了五种研究进路，但那是西方学者根据各自的情境提出来的。比如，马歇尔基于英国的经验认为，公民身份的发展是从民事权利到政治权利再到社会权利的演进步骤，每一个步骤都为后面的步骤奠定了基础。但那是英国的经验，带有自上而下和自然演进的特征，换一个国家可能就不是这样。2007年当我和刘训练教授把马歇尔的公民身份理论介绍到国内来时，很多人援用马歇尔的权利三部曲来分析中国的问题。但很多并不成功，削足适履的色彩较为明显。在我看来，马歇尔只是提出了研究公民身份的一种视角，反映的是英国的情况，因而未必适合于中国。

以公民身份的产生为例，大部分西方学者从古代城邦或者中世纪城市中去寻找公民的原型，但中国古代没有产生过类似于西方的公民身份实践。那中国的公民观念最初是怎么来的？在我看来，主要是通过梁启超、严复等近代启蒙思想家翻译过来的，他们将西方公民理想引入中国是为了使中国摆脱西方侵略和殖民，建立一个强大的现代国家，因此带有明显的"翻译现代性"（translated modernity）特征。在西方，公民主要是作为政权的对立面出现的，赋予公民以权利，很大一部分目的是防止国家权力的侵犯。但在当时的中国，公民理想与现代国家是紧密融合在一起的，改造国民性、培育现代公民是为了形成现代国家。从这一角度而言，我们就不能因为西方公民观念产生于城市，因此也努力地去中国的传统城市中寻找公民的原型，而是必须根据中国情况进行具体分析。

由于存在着照搬西方理论的现象，所以在现实中谈论公民身份话题时常常被当作一个敏感话题，认为公民身份就是公民社会，就是公民权利，就是要把社会与国家对立起来。实际上这完全是一种误解，即使在西方也未必如此。权利的确是公民身份的要素之一，但义务、认同、参与也是其核心要素。公民身份不仅讲公民在国家中的权利和对于权力的监督，也讲对国家的认同和履责，这些都是一个真正的现代国家所应具备的特征。公民身份并不存在专有的研究方法，作为一个社会科学主题，它与其他主题共享研究方法，但在中国研究公民身份，我认为还是必须注意以下几点：第一，认识上摆脱对于公民身份的成见，客观而全面地理解公民身份的含义；第二，重视将本土经验上升为理论，而不是用西方理论套中国实践，即不要"食洋不化"；第三，重视与既有公民身份理论的对话，丰富既有的理论体系，而不是关起门来自说自话，即不要"食土不化"。

政治学人：正如您在回顾学术经历时提到的，您曾经多次访谈和对话当代著名思想家安东尼·吉登斯（Anthony Giddens），您的博士论文是对吉登斯的"现代性思想"进行研究，在公民身份研究的问题上，您也分析了吉登斯民族主义的论述与公民身份的关系，您认为吉登斯在您的学术经历中扮演着什么样的角色？他的学术理论对于您的公民身份研究有怎样的启发？

郭忠华：某种意义上，吉登斯是我学术研究的起点，我至今至少超过三分之一的学术时间用在了吉登斯研究上。具体而言，从1998年我在厦门大学读研究生开始，便阅读了当时由王铭铭教授组织翻译的三本吉登斯著作，分别是《社会的构成》《民族—国家与暴力》和《现代性与自我认同》，当然也阅读了其风靡全球的《第三条道路》一书。我对他的社会、政治理论非常感兴趣。这些书放在一起，既让我看到一个晦涩难懂的吉登斯，也让我看到一个浅显易懂的吉登斯。2001年到复旦大学攻读博士研究生学位以后，我便选择了吉登斯作为我的博士论文选题，当时国内系统研究吉登斯的人并不多，我或许是第一人。从那时一直到2010年前后，我的主要精力都放在了吉登斯研究上。当时的学术氛围与现在差异较大，那时全国思想史研究的氛围较浓，我所在的中山大学政治学系当时才12人，但有差不多一半的老师是从事中外思想史研究，或至少以思想史起家。

回顾那一段的学术经历，我主要做了以下几件事情：一是2007年组织了"吉登斯与现代社会理论"学术研讨会，吉登斯携夫人亲自参加了会议。这是一次高规格的会议，共有40余名社会学、政治学领域的著名学者参加，如苏国勋、万俊人、任剑涛、王铭铭、黄平、文军、成伯清、蔡禾等人，他们或写作过关于吉登斯的论文，或翻译过他的著作，或至少熟悉其某一个领域。会议期间，国内学者发表自己对于吉登斯学术观点的理解，吉登斯则逐场进行点评，会后还组织了一个与吉登斯的小型对话会。两年后我去英国访学时，吉登斯还对此次研讨会评价甚高。二是翻译了一系列吉登斯著作。从2006年至今，我一共翻译了12部吉登斯著作，绝大部分在上海译文出版社出版，包括《资本主义与现代社会理论》《社会理论的核心问题》等，为学术界提供了一套较为全面和准确的吉登斯译著。三是出版了两部有关吉登斯的专著以及数十篇论文，对吉登斯的各个思想要素进行了研究。2010 年以后，我很少再出版有关吉登斯的东西，但这并不意味着从此放弃了吉登斯。我不仅一直与他保持着较为密切的联系，而且还在努力推动《吉登斯文集》在中国的出版，尽管进度比较慢。因为国内尽管已出版其大致 30 种著作，但分布在超过 20 家出版社，且译者众多，翻译质量也良莠不齐，因此我一直努力将其重要著作结集出版、统一校订。可以透露一下，经过多年的努力，目前这项工作已取得较大进展，不仅吉登斯亲自选定了书目，而且国内工作也进展顺利，第一批著作有望在近期出版。

吉登斯对我的学术影响非常深远，一方面体现在研究方法上，他的"结构化理论"在我看来是打通 20 世纪上半期诠释社会学、结构主义、功能主义之间尖锐对立的一次有效尝试。由于他的影响，我的研究主题和写作方式读起来很有社会学理论的感觉。通过他，我对涂尔干、舒茨、温奇、米德、加芬克尔等人的理论也一直兴趣有加。另一方面，其有关公民身份的一系列论文或讲座也使我看到了公民身份的复杂性。比如，他在 T. H. 马歇尔那里挖掘出了"民主"线索，提出了"民主的民主化""世界主义民主"等观点，通过对马歇尔有关公民身份自然演进范式的反思，他提出自下而上的抗争路径，在《民族国家与暴力》中，他还论证了公民身份与民族主义之间的关系。可以说，尽管吉登斯已不再时髦，但我迄今为止的学术生涯都直接或间接地受惠于吉登斯。

政治学人：您曾经在论文中提及，我国政治学界所使用的概念和理论大多来自西方，基于本土经验的概念和理论较为有限，对于当前正在研究和有志于研究当代中国问题的青年学者，尤其是对公民理论研究的学者和后辈，您有怎样的指导与建议呢？

郭忠华：公民身份在我国仍然是一株脆弱的花朵，不仅缺乏肥沃的历史土壤，而且面临夭折的现实风险。但回望历史，它总是在"风刀霜剑严相逼"的环境中不断变得强壮，它始终构成中国政治发展的一条主线，给人们带来理想、带来希望。公民身份是现代国家的标志，公民的退场意味着政治发展的倒退，这一点对任何国家而言都一样。对于公民身份的价值判断应当建立在对它的充分理解的基础上。我前面说过，公民身份包含权利、责任、参与、认同诸要素，在理解公民身份时不能一叶障目。作为寄语，我希望研究生们首先有自己独立的判断，全面而系统地理解公民身份的真实内涵，并以本土丰富的公民实践为素材，提炼出具有中国品质的公民身份理论，服务于国家建设，同时在国际舞台上发出中国声音，赢得国际学术尊严和国际话语权。

感谢"政治学人"平台对我的采访，我祝愿"政治学人"成为政治学人原创思想的平台、学术交流的空间和身份认同的家园，祝"政治学人"平台越办越好！

采访编辑：高梦冉

采访时间：2020 年 5 月 14 日

后　记

　　不止于学术，不限于态度。我想把政治学人一以贯之的目标
（slogan）献给这本书。《政当其时——中国政治学的理论视野》
是《政当其途——中国政治学的知识自觉》一书的姊妹本，是
"政治学人"平台在十周年之际献给学界的一份礼物。从 2014 年
"政治学人"平台创办至今，我们完成了过去数次停留并久久萦
绕在脑海中的念头：我们曾想做政治学的"生产者"，而不只是
"搬运者"，如今"学人专访"与"圆桌论坛"已经成为"政治学
人"平台的品牌原创栏目；我们曾想创办一份刊物，如今它以
《政治学通讯》网刊的形式得以呈现；我们曾想搭建政治学读者
与学者的桥梁，将各位学者的心路历程、研究进路与学术故事呈
现给读者，让政治学从令人陌生的专业术语成为走向大众的学
科，如今《政当其时》与《政当其途》两本书终于出版了！感谢
江苏人民出版社的大力支持，感谢十年来百余位志愿者的前赴后
继与默默付出，是你们，为这两本学术访谈录的出版提供了
可能。

　　理论是学科的灵魂，无理论不自觉。谈及西方政治学的理
论，国家理论、政党理论、民主理论、政治文化理论、国家与社
会理论、族群理论、抗争理论、转型理论等，我们耳熟能详。但
当有些理论应用到具体实践中时，我们发现了种种不适与谬误。
在世界政治与全球治理中，发展中国家的政治形态与治理实践为

我们提供了生动的案例与丰富的解释，甚至挑战了现有的政治学理论。

中国亦是如此。中国的国家治理、政府治理与社会治理为验证、纠偏与发展政治学原理提供了广大的田野与空间。一方面，党组制度、规划治国、政策试点、小组机制、巡视制度、对口支援、群众路线、会议政治、文件政治、"一国两制"等具有中国特色的制度为国家治理现代化提供了不同解释。另一方面，使命型政党、民主集中制、统一战线、项目制、家户制、功能性分权、问责体系等丰富的治理实践为我们深入探讨和理解政治学原理提供了场域。但这并不意味着一味强调中国特色而忽略或否认政治学一般原理体系，也不意味着在中国实践中套用西方理论并提供某种"变形"的方案以匹配或"阉割"现实。我们始终秉承的理念是，处理好特殊性与一般性的关系，在特殊性中提炼一般性，并将一般性寓于特殊性之中。幸运的是，《政当其时》这本书邀请到了国内优秀的政治学学者。他们是各自研究领域的佼佼者，为我们提供了他们关于各自长期深耕领域的理论自觉的努力、见解、执着与答案。中国政治学自主知识体系建构的过程是漫长的、艰难的、无比具有挑战性的，"政治学人"平台愿意陪伴大家，与大家一起努力！

这本书一共收录了15篇名家访谈，经过反复讨论、多次修改后，我们最终将其以"中国政治学的学科起源与发展道路""中国政治研究的国家、社会与个体""中国政治发展的比较视野和话语变迁""中国国家治理的现实关切与时代反思"四个篇章呈现。我们期待中国政治学的研究始终具有学科坚守、理论意识、比较视野与时代反思，这也是我们一直在努力的目标。

令人意外与欣喜的是，我们邀请各位老师接受专访的过程是非常顺利的。每当我们向老师们表露初心之时，老师们总是欣然应允。杨光斌老师应邀为本书作序的过程亦是如此。感谢接受"政治学人"平台专访的每一位老师，正是他们的鼓励，我们才有更大的信心与动力继续走下去。在每一篇访谈稿的撰写过程中，我们都经历了多次修改、反复研讨，并逐渐形成了项目制运作的评议小组。访谈过程中，我们主要通过线下访谈、视频访谈、文字访谈的形式进行。在访谈稿的整理阶段，我们希望尽可能地在学术话语与大众话语中找到平衡，我们期待专业研究者在访谈中能看到老师娓娓道来的过程，也期待社会与大众人士对政治学产生兴趣并深入探讨内容。我喜欢在晚上阅读和欣赏各位老师的访谈稿，通常一读就是两三个小时。读到兴头上，总能有酣畅淋漓、恍然顿悟的感觉，不由得拍案叫绝！期待每位读者也能尽情享受阅读的过程。

我想再次感谢江苏人民出版社，尤其是戴亦梁老师、陈颖老师和王暮涵老师的辛苦付出，为我们实现了这样一个心愿。更要感谢曾为访谈贡献力量的每一位政治学人，你们始终在我们心中，这本书是我们并肩奋斗的最好证明。在整理编校《政当其时》与《政当其途》的过程中，李佩捷和陈卓做了大量汇编与整理工作，特此向他们表示感谢。最后，我们想向"政治学人"平台的 27 万读者表示感谢，在你们的陪伴下，我们共同成长。当然，我们的工作还有很多不足之处，更有可以提升与改进的空间，我们虚心接受各位读者的批评与建议。

张 兰

"政治学人"平台常务副主编

复旦大学国际关系与公共事务学院教师

2024 年 5 月于复旦大学文科楼